Friedrich Wilhelm Marpurg

Legende einiger Musikheiligen

Friedrich Wilhelm Marpurg
Legende einiger Musikheiligen
ISBN/EAN: 9783743354166
Manufactured in Europe, USA, Canada, Australia, Japa
Cover: Foto ©ninafisch / pixelio.de

Manufactured and distributed by brebook publishing software (www.brebook.com)

Friedrich Wilhelm Marpurg

Legende einiger Musikheiligen

Legende einiger Musikheiligen.

Ein Nachtrag
zu
den musikalischen
Almanachen und Taschenbüchern
jetziger Zeit,

von

Simeon Metaphrastes,
dem jüngern.

Nebst 2. Notentafeln.

Cölln am Rhein,
bey Peter Hammern. 1786.

Vorrede.

Simeon Metaphrastes, ein griechischer Schriftsteller aus dem Xten Jahrhundert, hat nach dem Bericht des Abts Fleury, die theils in mehrern Büchern hin und wieder versteckte, theils nur unter wenigen cüriösen Personen durch mündliche Ueberlieferung circulirende Lebensgeschichte der Kalenderheiligen zu allererst in ein Volumen gebracht und zusammen geschrieben. Da wir schon seit einigen Jahren Almanache haben, worinnen *ad modum Minellii* die Tage des Jahres

Vorrede.

mit Nahmen von Musikern bezeichnet sind, aber von manchem, wenigstens in gewissen Gegenden, nichts als der bloße Nahme zur Zeit bekannt geworden, so würde es vielleicht nicht uneben seyn, wenn jemand die Denkwürdigkeiten dieser letztern aufsuchte, und die derjenigen, von welchen wir schon in andern Büchern sichere Nachrichten haben, mit neuen Factis vermehrte. Auf die von einem Freunde der musikalischen Legende in einer Gesellschaft aufgeworfne Frage, warum sich dieser jemand nicht fände, erinnerte ich mich, daß ich die Ehre hätte, den Nahmen des obgenannten griechischen Schriftstellers zu führen, (mag er doch immer nach dem Urtheile des Herrn Fleury ein schwülstiger Schriftsteller seyn;) und dieses war mir genug um mich zu erbieten, eine solche Sammlung von musikalischen Denkwürdigkeiten zu unternehmen, wenn sich nur ein Verleger fände, der Lust und Muth genug hätte, einige Ballen Maculatur daran zu wagen,

ohne

Vorrede.

ohne deswegen ein ſauer Geſicht zu machen. Der Verleger fand ſich in eben derſelben Geſellſchaft, und zu meinem größten Vergnügen einer der galanteſten Verleger unſerer Zeit, ein Mann von kurzer Entſchließung, der allezeit gut Schreibpapier nimmt, und nicht gewohnt iſt, um einen Bogen mehr oder weniger einen halben Tag Bedenkzeit zu nehmen. Den Augenblick fieng ich an, überall wo von Muſik geſprochen ward, mit mehrer Aufmerkſamkeit zu hören, als vorhin, und meine Schreibtafel aus der Taſche hervorzulangen. Ein paar gute Freunde erboten ſich an meiner Unternehmung Theil zu nehmen, und mit demjenigen was ſie hören oder leſen würden, mir getreulich an die Hand zu gehen. Es währte nicht lange, ſo waren wir mit einer zu einem mäßigen Bande hinlänglichen Sammlung muſikaliſcher Anekdoten fertig. Hier iſt ſie. Sollte ſie mit einem gütigen Anblick beehret werden, ſo iſt Stof zu mehrern Theilen da.

Viel-

Vorrede.

Vielleicht können sich nach dem Ermessen scrupulöser Puristen in der Geschwindigkeit einige Sachen mit untergeschlichen haben, die nicht gar zu kauscher sind, und lieber zu unterdrücken als von Heiligen zu erzählen wären. — Ich antworte hierauf, daß zuvörderst unter einem Heiligen vom Parnaß, und unter einem in canonischer Form gebildeten Kirchenheiligen ein Unterscheid zu machen ist, und an einem Heiligen von der ersten Sorte vieles übersehen werden kann, was man an einem von der andern Classe tadeln würde. Ich will eine kurze Parallele versuchen.

Ein gewöhnlicher Heiliger führet ein schmutziges Leben *); vernachläßigt Bart

Ein Musikheiliger ist ein reinlicher Mann; befleissigt sich einer galanten Auf-

---

*) Ich beweise es aus dem Leben des vor nicht gar langer Zeit in den Himmel versetzten Benedict Joseph Labre, der zwar vor der Hand nur seelig gesprochen ist, aber doch mit der Zeit für heilig erkläret werden wird. (Man sehe die beliebte Berlin. Monatschrift vom März 1785.) Ich weiß, daß man der Wirthschaft unsers theu-

Vorrede.

Bart und Haare, kämmet sich allenfalls nur mit den Fingern, und ist auf dem Kopfe und Leibe mit unangenehmen Kostgängern geplaget;

 riechet nach Meerrettig und Bollen;

 geht baarfuß, allenfalls mit gar schlechten aus alten Schuhen gemachten Pantoffeln, in zerlumpter Kleidung einher, träget einen Strick um den Leib, einen hölzernen Rosenkranz um den Hals, und das Leben der eilftausend Jungfern in der Tasche;

 brin-

Aufführung; läßet sich nach der, neuesten Mode frisiren, ꝛc.

 riechet nach Eau de Luce;

 kleidet sich wie ein Hofjunker, führet ein paar goldne Tabatieren en Compagnie, träget zwey Uhren, hat kostbare Ringe, und eine gelehrte Broschüre in der Tasche;

 schläft

)(4

theuern Labre das Leben verschiedner Kayser, Könige, Päbste und anderer Großen der Welt, die sich etwas galanter betrugen und dennoch canonisiret wurden, entgegen setzen kann. Aber da die meisten Seeligen und Heiligen nur gemeinen Standes gewesen, so kann man das Leben des Labre als das Regulativ ansehen, wornach sich diejenigen bilden müssen, die mit den Heiligen höherer Abkunft, vor deren Thüren sie auf dieser Welt lagen, einst in jener aus der Schaale des himmlischen Nektars Brüderschaft trinken und für würdig erkläret werden wollen, einen Platz in unsern Kalendern einzunehmen, welches kein gemeiner Vorzug ist.

Vorrede.

bringet die Sommernächte unterm freyen Himmel zu, und schläft des Winters in einem Stalle;

fastet auf der Welt, um dort Ambrosia zu genießen;

sammlet die auf einen Mißhaufen geworfnen Citronen- und Pomeranzenschaalen;

trinkt nichts als Wasser oder sauer Bier;

will für einen Feind der Weiber angesehen seyn;

machet alle seine Reisen und Wallfahrten zu Fuß, von einem Dorfe zum andern;

hat in seinem Leben mit nichts als Bauerlümmeln und gemeinen Leuten zu thun;

ist plump, ungezogen, wild ꝛc.

verkriecht sich in den Kirchen in die Winkel;

glau-

schläft gerne in einem wohlgemachten Bette, wie andere Menschenkinder;

ißt sich in der Welt satt, um dort zu fasten;

weiß die Citronen und Pomeranzen zu nutzen, ehe die Schaalen weggeworfen werden; ist ein Liebhaber von Punsch und Bischof;

trinkt gerne Burgunder und Champagner;

macht kein Geheimniß daraus, das schöne Geschlecht anzubeten;

fähret allezeit mit Extrapost von einer Residenz zur andern;

suchet nur mit Personen von Stande umzugehen;

ist höflich, wohlerzogen, geschmeidig ꝛc.

läßet sich in der Kirche vor aller Welt sehen; machet bald diesem

Vorrede.

glaubet Nixen, Feyen * Kobolde, Alpen, Waldmänner, Gespenster, Wehrwölfe ꝛc.

redet von nichts als Buße und Bekehrung;

polemisirt gerne und will alle Welt, bis auf die Fische und Frösche, zu seinem Glauben bekehren;

hält entweder den linken Backen hin, wenn er auf den rechten einen Schlag bekommen hat, oder prügelt sich mit seinen Feinden auf die Faust herum;

verkleinert öfters die moralischen Handlungen anderer Menschen;

ist im Stande, zur Behauptung seiner Meinungen,

sem bald jenem ein Compliment, wirft seiner Schöne auch wohl ein Kußchen zu;

glaubet von allem diesen nichts;

spricht von Comödien, Opern, Redouten, Concerten, Piqueniques, Spatzierreisen, angenehmen Gärten ꝛc.

schwanket öfters ein wenig in seinem Glaubenssystem;

läßet nichts auf sich sitzen, und schläget sich zierlich mit dem Degen, nach den Regeln der Fechtkunst;

läßet die Leute leben wie sie wollen, und tadelt nichts weiter als die Composition, oder Execution eines andern Artisten;

danket für diese Ehre;

thut

*) Vor hundert und zweyhundert Jahren schrieb man allezeit Feyen, und nicht Feen.

Vorrede.

gen, sich spießen und braten zu laßen;

thut erst nach seinem Tode Wunder;	thut Wunder in seiner Kunst währendem Leben;
seine Lumpen werden zu Reliquien zerschnitten, nebst den Gliedern seines verstümmelten Körpers an Klöster verschenket, in kostbaren Kasten aufbewahret, und manchesmal in Proceßion herumgeführet;	die Reliquien seines Geistes werden den Musen gewidmet, gesungen und gespielet;

— und so weiter.

Hiernächst kommen in der Kirchenlegende selbst Sachen vor, die, so heilig und verehrungswürdig sie immer seyn mögen, dennoch allezeit Personen von delicater Empfindung beleidigen werden. Um meinen Satz nur mit zwey oder drey Exempeln darzuthun, so verweise ich den curiösen Leser **auf das Leben des heiligen Adhelm,** der sich bey dem Anfalle unordentlicher Begierden zwischen zwey nackte Frauenzimmer legte, von welchen keines das Gelübde der Keuschheit gethan hatte, und in dieser Lage dem Teufel und seinen Lüsten trotz both;

Vorrede.

both; auf das Leben des heiligen Origenes, der in der Meinung sich besser zu bilden, als ihn Gott gebildet hatte, sich aus eigener Bewegung einer Operation unterwarf, die der Ritter von Amantini, Königl. französischer erster Sopransänger, verbeten haben würde, wenn er im Stande gewesen wäre es zu thun; auf das Leben des heiligen Guignolet, dessen Bildsäule die Kraft hat, alle hübsche Frauen, die mit ihren Männern unzufrieden sind, zu fruchtbaren Müttern zu machen, wenn sie —— ich unterstehe mich nicht, den abseiten der gläubigen Frauen darzu erforderlichen Proceß zu beschreiben, und bemerke nur, daß der heilige Guignolet dem heiligen Jtephallus *) des alten Roms substituiret zu seyn scheinet. Wer sich noch mehr in Absicht auf diese Materie erbauen

---

*) Eigentlich und in der Kunstsprache der heydnischen Religion wird er der Gott Jtephallus genennet, weil die alten Römer keine Heiligen, sondern Götter hatten.

Vorrede.

bauen will, beliebe die sogenannten und im Jahre 1702 herausgegebenen Avantures de la Madonna & de St. François d'Assise par le révérend Pere Renoult, nachzuschlagen.

Nun schließe man, bey dem vorhin dargelegten Unterscheid zwischen einem gewöhnlichen Kalender- und einem Musikheiligen, vom größern aufs kleinere. Wenn die Legende der erstern Sorte von Heiligen mit gewissen Erzählungen untermischet ist, die ob sie gleich von geweihten Händen ehrwürdig gemachet worden, dennoch gewissen Lesern seltsam vorkommen werden, soll man da Bedenken tragen, in dem Leben der Musikheiligen Sachen zuzulaßen, die, wo nicht unterrichtend, doch allezeit belustigend sind, und wenigstens zur Characterisirung dieses oder jenen merkwürdigen Individui gehören? Hat der Legendenschreiber sich außerdem bemühet, das Factum auf eine am wenigsten anstößi-
ge

Vorrede.

ge Art vorzutragen, da wo solches möglich gewesen: so deucht mir, daß man ihn so wenig als einen Casuisten oder Mediciner bey Beschreibung gewisser Fälle, des Lasters des verletzten Wohlstandes beschuldigen könne. Ein gewisser Dichter sagt:

Dem Weisen, kann er nur den Ausdruck klüglich wählen,
Stehts frey, das närrsche Thun der Menschen zu erzählen.

Ich habe, ohne auf die Vorrechte eines Weisen Anspruch zu machen, bey Zusammentragung der gegenwärtigen Denkwürdigkeiten eben so gedacht, und erwarte mit aller Gelassenheit, was die Herren Journalisten, bey näherer Beleuchtung derselben denken werden.

Sollten einige Leser an der Fortsetzung dieses Werkchens Theil nehmen, und

Vorrede.

und selbiges mit ihren Beyträgen bereichern wollen, so belieben sie solche unter der Adreße: An die Herausgeber der musikalischen Denkwürdigkeiten, durch einen bloßen Umschlag an den Hrn. Kammermusicus Müller, Entrepreneur und Director des im englischen Hause zu Berlin errichteten Concerts, jedoch postfrey und mit Meldung ihres Nahmens, Characters und Wohnorts, gelangen zu laßen. Ohne Beobachtung dieser Formalitäten können ihre Heiligen nicht das Glück haben, mit den unsrigen in einem Buche zu figuriren. Annoch wird von uns voraus gesetzt, daß die Herren Contribuenten für die Wahrheit ihrer Anekdoten stehen, weil wir durch die Wahrheit der Sachen, unserer Legende einen unterscheidenden Character geben, und sie nicht den Vorwürfen eines musikalischen Beßarion *), oder den Expurgatio-

---

*) Als der Cardinal Beßarion einst zu Rom gewisse Leute canonisiren sah, von welchen man nicht

Vorrede.

gationen eines musikalischen Mabillon, Papebroch, de Launay *) ꝛc., preiß geben wollen. Wer ein halbes Dutzend Anekdoten liefert, bekömmt gratis ein Exemplar auf Schreibpapier, welches ihm durch Besorgung einer Handlung von Leipzig aus franco übermachet werden soll. Unter oben angezeigter Adreße können auch diejenigen, die wider den einen oder andern Artikel der gegenwärtigen Sammlung etwas einzuwenden haben, ihre Berichti=

---

nicht mit Wahrheit sagen konnte, daß sie ein canonisches Leben geführet hatten, so brach er voller Unwillen in die Worte aus: Ah! che questi santi moderni me fanno assai dubitare delli passi.

*) Alle diese Herren haben verschiedne Heilige aus dem Kalender ausgestrichen. — Man erzählet, daß ein Pfarrer von St. Eustache zu Paris, so oft er dem Herrn de Launay auf der Straße begegnet, demselben eine tiefe Verbeugung gemachet, und als jemand seinen Bewegungsgrund dazu wissen wollen, geantwortet habe, daß es aus Furcht geschähe, der Herr de Launay möchte auch einmal über seinen Heiligen kommen, und denselben ausmerzen. Man sehe des Herrn J. C. N. vernünftige Gedanken, III. Theil, Seite 32. 33.

Vorrede.

richtigungen und Verbesserungen gefäl-
ligst einschicken. Geschrieben zu Cölln
am Rhein. Am 1. März, 1786.

Simeon Metaphrastes,
der jüngere.

Denkwürdigkeiten
einiger
Musikheiligen.

Erstes Dutzend.

Erstes Dutzend

der

musikalischen Denkwürdigkeiten.

(I.)

Als der berühmte Tartini die Regeln der Harmonie genugsam studiret hatte, und nunmehro anfieng sich seine Sonaten und Concerte selber zu setzen, so faßte er den löblichen Gedanken, keine Copie von einem seiner Vorgänger oder Zeitgenossen, sondern selbst ein Original zu werden. Er konnte aber wegen der Art des Styls nicht sogleich zu einem Schluße mit sich selbst kommen, und er zerriß manches Tonstück, womit sich mancher andere ein großes Air gegeben haben würde, und welches in der That vielen Kennern, nur ihm nicht gefallen hatte. Wenn er ein Solo setzte, wo der Baß beynahe soviel zu thun hatte als die Hauptstimme, so kam es ihm vor, als wenn er dieses Tongewebe schon von hundert andern gehöret hätte; und wenn er die Hauptstimme vorzüglich arbeiten, und den Baß nur so neben her schlendern ließ, so kam ihm dieses zu mager vor, und er war wiederum nicht mit sich zufrieden. Kurz er machte sich entweder das Componiren sauer, oder es mochte ihm in der That sauer werden. Eines Tages fiel es ihm ein, einen Versuch zu machen, ob es ihm nicht durch einen besondern Gebrauch des Rhytmus und Metrum gelingen würde, sich eine neue Schreibart zu machen, und etwas hervorzubringen, was nicht allein andern, sondern vorzüglich ihm selbst gefallen würde. Er brachte seinen Entschluß zur Würklichkeit, und nun war er zum ersten male mit sich zufrieden. Vielleicht hätte er sich bald wiederum neuen Speculationen überlaßen, wenn er nicht in der darauf folgenden Nacht eine gar besondere Erscheinung gehabt

musikalischen Denkwürdigkeiten.

habt hätte, wie er sowohl dem ehemaligen Herrn Concertmeister Graun, und dem Herrn Quanz als andern Musikern erzählet hat *). Es kam ihm im Traume vor, als wenn er einen Besuch bekäme von dem Fürsten der Hölle, der den alten Hans Carvel beym Lafontaine mit einem Ringe beschenkte, den er beständig am Finger tragen sollte, um seine junge lüsterne Frau vor den Anfällen muthwilliger Hände zu sichern. Dieser schwarze Mann (†††) präsentirte sich dem Tartini mit dem Erbieten, von diesem Augenblicke an sein beständiger Diener zu seyn, und seine musikalische Wünsche in allem zu erfüllen. Griff Tartini nach der Violine, um einen Einfall zu probiren, so griff der Concertmeister Proserpinens nach Papier und Feder und schrieb ihn auf. Ja öfters bat sich der letztere die Violine selber aus, wiederholte den Einfall des Tartini, verwebte ihn mit einem neuen Gedanken, brachte alles in den schönsten Zusammen-

*) Auch dem Herrn de la Lande, wie aus Burney's musikal. Reisen, von Ebeling übersetzt, 1. Th. S. 87 zu ersehen ist. Der berühmte Herr Capellmeister Hiller erkläret zwar in der Biographie des Tartini diesen Traum für ein Mährchen. Indessen sehe ich die Unmöglichkeit desselben nicht ab.

hang, und ersuchte seinen Schüler, das gehörte auf der Violine mit eigener Hand zu wiederhohlen, und in gehörigem Verhältniß weiter fort zuführen. Der Teufel und Tartini brachten unter diesen musikalischen Uebungen eine gute Weile zu, und componirten um die Wette, ehe der letztere, bey dem es nicht ohne Angstschweiß abgegangen war, unter starkem Herzklopfen erwachte. Noch voll von allem was er im Traume erfahren hatte, ließ er sich ein brennendes Licht bringen, ergriff die Violine, fieng an zu componiren, und brachte in einer Stunde die Hauptlinien einer Sonate zu Stande. Ungeachtet es ihm nun schien, als wenn diese von ihm hernach vollständig ausgearbeitete Sonate, die er die Teufelssonate zu nennen pflegte, bey weitem nicht die Vorzüge derjenigen hätte, die er mit Hülfe des schwarzen Mannes im Traume componiret hatte, so fieng sich doch von diesem Augenblicke sein ganzes Compositionstalent zu entwickeln an; er glaubte gefunden zu haben was er gesucht hatte; er brachte nicht mehr ganze Tage auf Erfindung eines Satzes von vier Takten zu; eine Menge neuer Gedanken, die mit der von ihm abgezielten Schreibart übereinstimmten, drängten sich aus seiner Seele hervor, er konnte

kaum

kaum so geschwinde schreiben, als er dachte, und alle Welt sagte seit dieser Zeit, daß Tartini wie ein Teufel spielte. ——

Mir fällt bey dieser Gelegenheit eine beynahe ähnliche Geschichte ein, die einem zu seiner Zeit sehr bekannten deutschen Improvisatore, dem Herrn Prediger Schönemann in Berlin begegnet ist. Selbiger wollte mit Gewalt ein Dichter werden, und das Dichten ward ihm zum Anfange seiner poetischen Laufbahn so sauer, daß er öfters ganze Tage auf einen Vers zubrachte. Er fiel vor Verdruß und vieler Arbeit in ein hitziges Fieber, fieng an in den heftigsten Paroxismen in der Sprache der Musen zu reden, und befand sich nach seiner Wiederherstellung im Stande, mehr als hundert Verse in einer Stunde zu erfinden, welches dem Herrn Gottsched, der zu dieser Zeit auf den Titel eines Dichters Anspruch machte, in einer Nachahmung der zweyten Satyre des Boileau Gelegenheit gab, sich folgender Gestalt über die Schönemannische Reimerey lustig zu machen:

— — — Beglückt ist Schönemann,
Der ganze Predigten in Versen halten
 kann.
Dies Wunderwerk der Welt wird noch
 zuletzt die Gassen

Des prächtigen Berlins mit Reimen pfla-
stern laßen.
Das Reden fällt ihm schon in Prosa ziemlich schwer,
Er stürzet ein Gedicht gleich ganzen Strö-
men her,
Und weiß ein länger Lied im Husten vor-
zubringen,
Als man in Jahr und Tag vermögend ist
zu singen.
Und ist das tolle Zeug schon kraftlos, kalt
und matt,
Daran ein Witziger Verdruß und Eckel
hat,
So wird es ihm doch nie an dummen Lesern fehlen,
Die des Verlegers Ohr um seine Schriften quälen.

Man beliebe unterdeßen nicht die Virtu und den scharffinnigen Geist des Tartini mit dem Gewäsche eines Schönemann zu vermengen.

(II.)

Eine Lieblingssängerinn des Hrn. Gluck, die Madem. Arnoult zu Paris, fieng an etwas corpulent zu werden, ohne daß man auf eine ihr bevorstehende Wassersucht die Schuld werfen konnte. Eine theatralische Mitschwester, die Madem. Vestris die in einem sehr zweydeutigen Rufe stand, ließ es sich einfallen, derselben über diesen Vorfall bey einer gewissen Gelegenheit eine beissende Anmerkung zu machen. „O meine „Geliebte, antwortete die Madem. Arnoult „ganz gelassen, dieser Vorfall muß dich „nicht Wunder nehmen. Ein armes „Mäuschen, das nur ein Loch hat, ist „leicht gefangen."

(III.)

Ein bejahrter Virtuose, der etliche hundert Concerte und eben so viele Sonaten, ohne es zu bemerken, beynahe mit eben denselben Passagen componirt hatte, dergestalt, daß alle Tonstücke einander ähnlich sahen, und eines bloß die Veränderung des andern zu seyn schien, spielte dem Hrn. D. Burney zwey Sonaten vor, davon die eine erst aus der Arbeit kam, und die andere schon über vierzig Jahr alt war. Wie gefällt Ihnen diese alte Sonate in Vergleichung mit der neuen? fragte der Virtuose. „Ich finde, antwortete „Burney, daß die alte sehr viele neue Paſ„ſagen enthält."

(IV.)

Der Abt de Baigne, in Dienſten Ludwigs des XIten Königs von Frankreich, war ein Mann von vielem Verſtande, und beſchäftigte ſich ſehr mit Verbeſſerung muſikaliſcher Inſtrumente. Als der König ſich eines Tages mit ihm über die Verſchiedenheit der Töne der Thiere, und über die muſikaliſche Nachahmung der Stimmen einiger Sangvögel unterredete, ſo gab er ihm den komiſchen Auftrag, einen Verſuch zu machen, ob nicht auch von dem Grunzen der Schweine in der Muſik Gebrauch zu machen wäre. Der Abt verſprach es mit der Bitte, daß Se. Majeſtät geruhen möchten, ihm eine nahmhafte Summe Geldes zur Ausführung dieſer Idee auszahlen zu laſſen. Sobald dieſes geſchehen war, gab er hin und wieder Commißion, ihm Schweine von verſchiedener Größe, Stimme und Alter herbey zu ſchaffen. Er unterſuchte ihre Eigenſchaft in Abſicht auf die Höhe und Tiefe des Tons, und nachdem er ſo viele gefunden

funden hatte, daß er eine völlige Tonleiter formiren konnte, so stellte er sie nach Ordnung derselben, unter ein mit Samt bedecktes Pavillon oder Gezelt, vor welchem ein mit spitzigen Stacheln versehenes Griffbrett angebracht war. Wenn nun ein Tangente niedergedrückt ward, so bekam das hinter selbigem postirte Schwein einen Stich, welcher solches zu grunzen veranlaßte. Auf diese Art entstand eine musikalische Schweincapelle, von welcher der Abt de Baigne Director ward, und welche, wenn der König gewisse poßierliche Lieblingslieder sang, ihn accompagniren mußte.

(V.)

Der berühmte Musiker aus Mileto Timotheus der rothköpfigte, gehöret unter diejenigen, welche die Musik mit bis dahin unbekannten Tönen zu bereichern, und der nur mit sieben Sayten bisher bespannten Lyre annoch vier hinzuzufügen anfiengen. Nachdem derselbe bereits an verschiedenen Oertern Griechenlands seine Künste dargelegt und Beyfall gefunden hatte, so kam er auch nach Lacedämon, wo selbige aber so wenig Eingang fanden, daß vielmehr

mehr von dem dasigen Senat, der gerne alles bey den alten Gewohnheiten lassen wollte, folgende Verordnung wider ihn publiciret ward: „Demnach Wir erfahren „haben, daß der milesische Tonkünstler „Timotheus in unserer Stadt angekommen, „von selbigem aber bekannt ist, daß er die „alte Musik hindansetzet; die siebensaytige „Lyre verwirft; anstatt eines simpeln und „ordnungsmäßigen Gesanges, allerhand „buntes und verwirrtes Zeug hervorbrin„get; die verschiedenen Geschlechte der „Musik unter einander wirft, und sie mit „unschicklichen Diäsen verfälschet, und über „dieses sich bey der Feyerung der eleusi„nischen Geheimnisse nicht ordentlich be„tragen hat: so wird dem Policeydirecto„rio der Stadt hierdurch aufgegeben, den „gedachten Timotheus über alle diese Punk„te zu vernehmen; ihn zu nöthigen, die „vier überflüßigen Sayten von der Lyre „herunter zu schneiden; ihn aus der Stadt „zu verweisen, und die zurückbehaltene sie„bensaytige Lyre an dem Gerichtsorte mit „der Warnung aufzuhängen, daß sich keiner „einfallen lasse, irgend eine unsern Ge„wohnheiten und guten Sitten nachtheilige „Neuerung in Lacedämon vorzunehmen.„ An diesem Orte würde Lully keinen Cambert,

Rameau

Rameau keinen Lully, und weder Gluck noch Piccini einen Rameau, in Vergessenheit gebracht, und weder Quanz noch Trommlitz mit ihren der Flöte hinzugefügten Klappen ihr Glück gemacht haben.

(VI.)

Man erzählt von einem engelländischen Cavalier, der unter der Regierung der Königinn Elisabeth bey Hofe Dienste suchte, daß, als er einer der ersten und schönsten Hofdamen seine Aufwartung gemacht, derselben, weil sie vielleicht eine blähende Speise genossen hatte, eine Begebenheit zugestoßen sey, welche man dem Blaserohr des Windgottes würde zugeeignet haben, wenn es nicht im Zimmer gewesen wäre; daß der Cavalier laut zu lachen angefangen, und daß ihm die Dame darüber einen Verweiß gegeben, mit der Erinnerung, daß, wenn er auf jedes Lüftgen Acht geben wollte, er nicht bey Hofe gut fortkommen würde. — Eine ähnliche Begebenheit trug sich unter der Regierung Ludwigs des XIVten, Königs von Frankreich, mit der Mademoiselle d'Orleans (einer Prinzeßinn von Geblüte) zu, als sie eines Tages mit einem gewissen Cavalier, der ihr nicht gleichgültig war, einen lebhaften Wortstreit hatte. Da alle besondere Begebenheiten in Frankreich besungen werden, so säumte auch diese nicht, die Aufmersamkeit der Dichter zu erregen, und unter andern Versen, womit sie verewigt ward, kamen auch folgende zum Vorschein:

Mon cœur outré de déplaisirs
Etoit si gros de ses soupirs,
Voyant votre cœur si farouche,
Que l'un d'eux se trouvant réduit
A ne pas sortir de la bouche,
Sortit par un autre conduit.

Von Seufzern, durch Verdruß erzeugt,
Daß nichts dein störrsches Herze beugt,
War's meinige so angehäufet,
Daß einer, welcher Luft begehrt,
Da ihm der Mund den Durchgang wehrt,
Sich anderswo hindurch gestreifet.

Dergleichen Ausbrüche schalkhafter Laune erscheinen selten in Frankreich, daß die Brüder der Poeten, die Musiker nicht daran Theil nehmen sollten. Es geschah auch hier, und vielleicht gehört die Melodie, die Lully auf vorhergehende Verse setzte,

unter

unter diejenigen Probestücke seiner Muse,
mit welchen er sich den Weg zu seinem künftigen Glücke bahnte. Denn in dem Augenblick, daß die durch die unvorsichtige musikalische Begeisterung des Lully beleidigte
Prinzeßinn ihn seiner Dienste entließ, machte ihn der König, dem seine Talente sehr
angerühmet worden waren, zu seinem Kammermusiker; einige Zeit nachher zu seinem
Surintendant der Musik; und im Jahre
1672 zum Generaldirector des Opernthea-
ters.

(VII.)

Die Leidensgeschichte Jesu wurde in vorigen Zeiten mehr dramatisch als episch,
halb in Prosa und halb in Versen, am
Palmsontage und Charfreytag in den Kirchen aufgeführet. Als der verdiente Joh.
Phil. Bendeler, Cantor und Chordirector
zu Quedlinburg, solche einsmals nach eben
dieser Art absingen ließ, so geschah es daß
in dem Accompagnement zu den Worten der
Magd von einem Violinisten ein Fehler
begangen ward. Bendeler fragte mit Lebhaftigkeit, wer die Partie der Magd hätte;
worauf

worauf der Violinist stotternd antwortete:
„ich — ich — ich geige sie," — Aber
leider! sehr schlecht, erwiederte der
Director.

(VIII.)

Ein bejahrter Musiker heyrathete eine
Demoiselle, welche das Clavier spielte, und
deren reißende Gestalt alle Aufmerksamkeit
des damals annoch in Berlin befindlichen
Londner Bachs auf sich zog. Weil Bach
wußte, daß der alte Mann sehr begierig nach
neuen Musikalien war, die er gegen gehörige
Erkenntlichkeit durch seine Abschriften circu=
liren ließ, (der vortrefliche Hummelsche
Notendruck war damals noch nicht in Ber=
lin bekannt,) so suchte er sich den Weg zu sei=
ner Freundschaft dadurch zu bahnen, daß
er ihm mit allem was er componirte ein Ge=
schenk machte, worunter natürlicher Weise
viele zärtliche Lieder, zum Gebrauch seiner
Frauen, zum Singen beym Clavier, ent=
halten waren. Als der Alte eines Tages
auf dem Wege zu einem fremden Herrn be=
griffen war, dem er als einem großen Lieb=
haber, einige Neuigkeiten anbieten wollte, so
kam Bach eiligst auf ihn zu, zeigte ihm
ein

ein paar Blätter, die mit Noten beschrieben waren, und flisterte ihm etwas ins Ohr. Der Alte antwortete mit vernehmlicher Stimme: daß sie zu Hause wäre, und ihr die Sachen sehr angenehm seyn würden. Diese Antwort fiel einem dazu kommenden dritten Freunde etwas auf; weswegen sich derselbe erkundigte, was der Herr Bach gewollt hätte. „Er hat, ant=
„wortete er, ein paar italienische Lieder
„vom Metastasio in Musik gesetzet, womit
„er meine Frau regaliren will. Der Geck,
„fügte er nach einer kleinen Weile hinzu,
„muß sich einbilden, daß sie noch Jungfer
„ist. Er wird sich sehr betrügen."

(IX.)

Ein Musiker fragte einen andern, wie ihm eine eben aufgeführte Synfonie gefallen hätte. „Diese Synfonie, fragte der an=
„dere dagegen, von wem mag sie seyn?"
Ich vergebe es allenfalls einem Dilettanten, der noch kein geübtes Ohr hat, wenn er ein Tonstück nicht eher gut oder schlecht findet, als bis er den Nahmen des Componisten weiß. Aber womit konnte der Musiker, der

so lange Jahre mitgespielet hat, seine Gegenfrage entschuldigen?

(X.)

Vor etwan 40 Jahren erschien in Paris ein Virtuose auf der Leyer (*Vielle*), der in kurzer Zeit eine Menge von Flügeln außer Activität setzte. Die Clavieristen fanden dieses Instrument execrable, und sannen auf Mittel, solches aus der Hauptstadt Frankreichs wieder fortzuschaffen. Das Resultat eines darüber gehaltenen Generalconcilii war, einige zu besoldende Schupußerjungen (Savoyards) mit Leyern zu versehen, und sie damit in der Stadt hausiren zu lassen, mit der Auflage, an gewissen grossen Plätzen, und überall, wo sich eine wohlcoeffirte Dame mit der Leyer am Fenster zeigen würde, Halte zu machen, und ihre Künste daselbst auszukramen. Das Mittel that seine Würkung, und wenn auch nicht alle Leyern nach den Porcherons, wo sie hergekommen waren, zurücke kehrten, so wurde ihre Anzahl dennoch sehr vermindert.

(XI.)

(XI.)

Als Lord Kelly an einem Abend mit dem unvergleichlichen Violdigambiſten Herrn Abel, der ſich itzo zu Paris aufhält, außerhalb London ſpatziren gieng, und vor einer Taverne vorbeykam, wo Muſik war, und juſt ein Concert von Abeln geſpielet ward, ſo wollte der Lord gerne wiſſen, wer dieſer herzhafte Tavernen-Virtuoſe wäre. „Wer „wird es denn anders ſeyn, verſetzte Abel, „als der unſeelige Cain?"

(XII.)

In einer großen Reſidenz Deutſchlands, wo alle drey chriſtliche Religionsparteyen gleichen Schutz genießen, wurde an einer reformirten Kirche eine einträgliche Organiſtenſtelle vacant. Ein geſchickter Muſiker meldete ſich wegen derſelben unmittelbar im Cabinet, und der Prinz, welchem ſeine Talente bekannt waren, ertheilte ihm ſolche. Mittlerweile hatte das Kirchendirectorium erfahren, daß der neue Organiſt nicht der reformirten, ſondern der katholiſchen Religion zugethan wäre, und ſtellte alſo dem

Prinzen vor, daß kein Katholik zu einer reformirten Orgel zugelassen werden könnte, wobey es zugleich ein anders Subject, das zwar nicht die Fähigkeit des andern hätte, aber reformirten Glaubens wäre, unterthänigst in Vorschlag brachte. Die Antwort des Prinzen war, daß, da ihm der Unterschied zwischen einer reformirten und einer andern Orgel nicht bekannt wäre, und bey Besetzung einer Organistenstelle, seiner Meinung nach, mehr auf das Talent, als das Glaubenssystem eines Competenten Rücksicht genommen werden müßte, er nicht absähe, warum man dem geschicktern Katholiken, der sich über dieses zu allererst gemeldet, einen weniger geschickten reformirten Musiker vorziehen wollte. Es möchte also bey dem Cabinetsdecret verbleiben.

Denkwürdigkeiten
einiger
Musikheiligen.

Zweytes Dutzend.

Zweytes Dutzend

der

musikalischen Denkwürdigkeiten.

(I.)

Der berühmte Lautenist Leopold Weiß gieng an einem schönen Sommerabend, auf einer Promenade zu Breslau, in tiefen Gedanken auf und ab, als er einige Schritte vor sich eine weibliche Figur vorüber eilen sah, über deren Wuchs und Bildung er alles Meditiren vergaß, und einen unaufhaltsamen Drang fühlte, sie näher kennen zu lernen. Mit einigen Sprüngen war er bey der Schönen, machte ihr ein Compliment, bot ihr seinen Arm zur Begleitung an, und fragte sie, ob sie verheyrathet wäre?

Sie. Um Vergebung, mein Herr, welchen Antheil könnten Sie daran nehmen dieses zu wissen?

Er. Weil ich wünschte, daß Sie es nicht seyn möchten.

Sie. Seltsam genug! Indessen ich bin es nicht.

Er. So würde ich mich glücklich schätzen der Ihrige zu werden.

Sie. Mein Herr, ich habe Eltern, deren Einwilligung — —

Er. Bey selbigen nehme ich es auf mich, die gehörige Einwilligung zu suchen.

Sie. So kommen Sie denn zu uns, morgen oder übermorgen, wann Sie wollen.

Er. Annoch heute Abend, mein Engel. Aber zuvor — — zuvor wünschte ich wohl zu wissen, ob wir einer mit dem andern zufrieden seyn werden. Da wünschte ich wohl, daß Sie mir vergönnten — —

Sie. Was wollen Sie mit dem zufrieden seyn, und mit dem vergönnen sagen?

Beyde vertieften sich in einen weitläuftigen Discurs über das zufrieden seyn und vergönnen, als sie unvermerkt an einen Garten kamen, in welchem Leopold Weiß bekannt war. Er führte die Schöne hinein, näherte sich mit ihr einer Rasenbank, die von Bäumen beschattet war, auf welchen sich eine lockende Nachtigall hören ließ. Sie waren beyde daselbst allein. Der Liebhaber fieng an etwas dreister zu werden, die Schöne nachgebender, und endlich von Stuffe zu Stuffe, — — —

Die

Die Amors lächelten, und Sie ⸺ ließ es geschehen.

Er. Nun mein Kind, wollen wir einander näher kennen lernen! ich bin der Lautenist Weiß.

Sie. Und ich bin die Tochter eines Weinhändlers.

Weiß begleitete die Schöne zu ihren Eltern, die keinen Anstand nahmen, den raschen Entschluß der beyden Verliebten zu genehmigen, und die Folge davon war eine der vergnügtesten und glücklichsten Ehen.

(II.)

Zwey Violinisten waren gewohnt, wenn ein Duo oder Trio gespielet werden sollte, sich wegen der ersten Stimme, nach welcher ein jeder strebte, allezeit zu zanken. Der Fürst, welchem dieser Rangstreit lächerlich vorkam, nahm sich eines Tages vor, es ihnen empfinden zu lassen, und ließ zu dem Ende die beyden Violinen eines gewissen Trios unter der Hand umschreiben, sie mit den Wörtern Porco I. mo und Porco II. do von einander unterscheiden, und das Trio bis auf weitere Verfügung in das Musikschrank legen. Als sich nun am nächsten Concerttage die beyden Violinisten, wegen der ersten Stimme eines Duetto wieder einander stritten, so befahl der Fürst dem Concertdiener, das umgeschriebene Trio zu hohlen, und den beyden Musikern vorzulegen. Es geschah, und die beyden stolzen Geiger die sich kurz vorher wegen der ersten Violine entzweyet hatten, fiengen nunmehro an sich wegen derselben zu complimentiren, und keiner wollte das erste Ferkel seyn.

(III.)

Einer der größten Organisten seiner Zeit, der Hr. W. F. B. pflegte sich nicht sogleich zum Anfange des Gottesdienstes auf der Orgel einzufinden, sondern ließ einen Studenten für sich spielen. Da auch dieser öfters ausblieb, so erhielte der Organist wegen seiner wenigen Aufmerksamkeit im Dienst zuweilen ein Compliment von den Vorstehern der Kirche. Vermuthlich mußte dasselbe einmal sehr expreßiv seyn, weil der nur an Einerndtung von Lobsprüchen gewohnte Contrapunktist, die Vorsteher deßwegen bey der Regierung verklagte, und bat, daß man den Gottesdienst eine Stunde später ansetzen möchte, widrigenfalls er sich genöthiget sehen würde, sein Amt niederzulegen. Natürlicherweise fand die Regierung diese

diese Vorstellung etwas ungewöhnlich, und da der Organist diesem zu Folge beschieden ward, so resignirte er in der That sofort seinen Dienst, ohne zu bedenken, da er keine Schätze gesammelt hatte, woher er nunmehr Brodt in der Wüste nehmen würde. Nachdem er lange Zeit hindurch ein wandelndes Leben geführet hatte, so entschloß er sich, auf Zureden eines Freundes, sich in Berlin zu firiren. Er kam an, und die besten Häuser der Stadt wo man seine Talente zu schätzen wußte, beeiferten sich um die Wette, ihm alle mögliche Aufmerksamkeit zu erzeigen. Eine Schülerinn nach der andern bot sich ihm an, und es hieng nur von ihm ab, so viele Stunden als er wollte zu geben, ohne seiner Bequemlichkeit den geringsten Zwang anzuthun, und man verlangte, daß er das Honorarium selbst bestimmen möchte. Allein der wunderliche Mann hielte es für schicklicher zu darben, als sich etwas zu erwerben; wenigstens glaubte er besser zu thun, von wenigen monathlichen Beyträgen guter Freunde kümmerlich zu leben, und nichts zu thun, als drey oder vier Stunden täglich zu geben, und sich ein anständiges Auskommen zu verschaffen.

(IV.)

(IV.)

Einige Studenten, die über Land giengen und allerhand närrisches Zeug sangen, nahmen es einem ihnen entgegenkommenden Esel sehr übel, daß er sie mit einem gewaltigen Giga in ihrer Lust störte, und setzten den Bauer darüber zu Rede. „Meine Herren, „antwortete derselbe, nehmen sie den „Spaaß von meinem Esel nicht übel. „Er hat geglaubt, daß Sie mit ihrem „Singen das Handwerk grüßten, und hat „Ihr Compliment mit brüderlicher Höflich=„keit erwiedern wollen."

(V.)

Ein berühmter Tonkünstler und Componist zu Paris ward von einem Fieber überfallen, das endlich anhaltend und verdoppelt ward. Am siebenten Tage gerieth er in eine hefftige und fast unabläßige Raserey, die mit Schreyen, Weinen, Schrecken, und beständiger Schlaflosigkeit verbunden war. Am dritten Tage seiner Raserey brachte ihn einer der innerlichen Triebe, von denen man sagt, daß sie die kranken Thiere zu heilsamen Kräutern führen, darauf, daß er ein kleines Concert in seiner Stube hören wollte.

Sein

Sein Arzt bewilligte es, aber nicht gerne. Man sang etliche Cantaten von dem vortreflichen Bernier. Kaum hörte er die ersten Töne, als sein Gesicht ruhig und vergnügt, das Auge gelassen ward, die Krampfzüge ganz aufhörten, er vor Vergnügen Thränen vergoß, und für die Musik die größte Empfindlichkeit äußerte. So lange das Concert währete, hatte er kein Fieber. Sobald es geendigt war, verfiel er in seinen vorigen Zustand. Man fuhr in dem Gebrauch eines Mittels von so großer und unvermutheter Wirkung fort. Fieber und Raserey hielten allemahl in währendem Concerte ein, und die Musik war dem Kranken so nothwendig geworden, daß er sich des Nachts vorsingen ließ, ja eine von seinen Verwandten, die zuweilen bey ihm wachte, so schwer es ihr auch bey ihrer Betrübniß ankam, ihm dergleichen Gefälligkeit zu erzeigen, tanzen mußte. Eine Nacht unter andern, da er niemand als seine Wächterinn bey sich hatte, die nichts als ein elendes Gassenliedchen wußte, mußte er sich damit behelfen, und empfand eine Linderung. Kurz, zehn Tage lang Musik machten ihn völlig gesund, ohne daß man etwas mehreres an ihm gethan, als ihm zweymahl am Fuß zur Ader gelassen, worauf zum letztenmal eine große Ausleerung

des

des Leibes folgte. — Es scheinet nicht, daß ein Mahler auf solche Art durch das Anschauen von Gemählden gesund werden werde. Die Mahlerey hat nicht die Kraft, die Geister zu bewegen wie die Musik, und keine andere Kunst kann es ihr gleich thun.

(VI.)

Vor den Zeiten des illüstren Rameau konnte man in Paris in nicht mehr als sechs bis sieben harten und eben so viel weichen Tönen auf dem Flügel spielen, indem einige Quinten zu hoch gestimmet waren, und folglich diejenigen die diesen Fehler übertragen mußten, viel zu niedrig standen, als daß sie hätten können gebrauchet werden. Unter denjenigen, welche zu allererst nach der Methode des Herrn Rameau, alle 12 harte und 12 weiche Tonarten, durch eine gleichere Abstuffung der Quinten brauchbar zu machen suchten, that sich besonders ein Clavizembalist, Nahmens Olivier hervor, der ein scharfes Ohr hatte, und den Stimmungsproceß mit so vieler Accuratesse, als wenigem Aufwand der Zeit, ins Werk zu richten wußte. Rameau erfuhr es, und machte ihn in den vornehmsten Häusern als
einen

einen geschickten Stimmer bekannt. Olivier, der als Clavizembalist bishero nur wenige Stunden des Tages zu thun gehabt hatte, fing von diesem Augenblicke an, vom Morgen bis zum Abend beschäftiget zu werden, und kam allezeit mit einer schweren Geldtasche zu Hause. Es ward Mode, sich von keinem andern als dem Herrn Olivier den Flügel stimmen zu lassen. Um bey der großen Anzahl seiner Kundschaften keine zu vergessen, revidirte er alle Abend, ehe er zu Bette gieng, seine Liste und bemerkte in seinem Souvenir die Nahmen derjenigen, wo er den andern Tag zu thun hatte. Als er einsmals mit dieser Arbeit beschäftigt war, so ersuchte ihn seine junge Frau, ihr die Nahmen seiner Kunden vorzulesen. Er that es, und seine Frau machte ihm die Bemerkung, daß er bey aller seiner Sorgfalt eines der nöthigsten Clavizimbel ausgelassen hätte. — „Und welches denn, meine Liebe?" — Das meinige, mein Herr; ich verlange, daß Sie es wenigstens alle Woche zweymal stimmen.

(VII.)

(VII.)

Carlo Broschi, genannt Farinelli, geb. 1705 zu Neapel, und ein Schüler von Porpora, war siebzehn Jahr alt, als er seine Vaterstadt verließ, um nach Rom zu gehen. Hier war, so lange das damalige Operwesen dauerte, alle Abend ein Wettstreit zwischen ihm und einem berühmten Trompeter, der ihm mit seinem Instrumente eine Arie begleitete. Dieser Streit schien anfangs freundschaftlich und bloß scherzhaft, bis die Zuschauer anfingen, Theil daran zu nehmen, und sich auf die eine oder andere Seite zu schlagen. Nachdem sie verschiedenemal Noten von langem Wehrt ausgehalten hatten, worinnen ein jeder die Kraft seiner Lunge zeigte, und es dem andern an glänzender Fertigkeit und Stärke zuvorzuthun suchte, kriegten beyde zusammen eine haltende Note und einen Doppeltriller in der Terz, welchen sie so lange fortschlugen, während daß die Zuhörer ängstlich auf den Ausgang warteten, bis beyde erschöpft zu seyn schienen. Der Trompeter, der ganz athemlos war, gab ihn auch in der That auf, und dachte, daß sein Nebenbuhler eben so ermüdet seyn würde als er selbst war, und daß der Sieg unentschieden wäre, als Farinelli, mit einer lächelnden Mine, um

ihm

ihm zu zeigen, daß er bisher nur mit ihm ge-
spaßet habe, auf einmal in eben dem Athem-
zuge, mit neuer Stärke ausbrach, und
nicht nur die Note schwellend aushielt und
trillerte, sondern auch sich in die schnellsten
und schwersten Läuffe einließ, wobey er bloß
durch das Zujauchzen der Zuhörer zum
Stillschweigen gebracht wurde. Man hat
nicht gehöret, daß der Trompeter nach der
Zeit sich in einen ähnlichen Zweykampf ein-
gelassen hat.

(VIII.)

Der heilige Bernhard, ehmaliger Abt
zu Clairvaux in Frankreich, der ein eifriger
Beförderer der Kirchenmusik war, und ein
Manuscript über die Verbesserung des Kir-
chengesanges hinterlassen, war ein enthu-
siastischer Verehrer der heiligen Jungfer
Maria. Als er eines Tages vor dem Bilde
derselben die Antienne *Salue Regina* mit
feyerlichem Tone anstimmte, und bey dem
Ausruf *O Clemens* nach seiner Gewohnheit
eine tiefe Verbeugung machte, so neigete
sich das Bild gegen ihn und sprach: *Salue*
Bernarde! — Der Heilige fuhr in seiner
Andacht fort, machte bey den Worten *O pia*

C eine

eine zweyte Verbeugung, welche die erkenntliche Jungfer mit dem zweyten Gegencomplimente *Salue Bernarde.* erwiederte. Darauf rief der Gottesmann voller Entzückung aus: *O dulcis virgo Maria!* und beugte seine Kniee zum drittenmal. Die Jungfer, welche ihrem getreuen Diener keine Höflichkeit schuldig bleiben wollte, wiederhohlte zum drittenmal ihr Gegencompliment, und sprach: *Salue Bernarde.* — Merkwürdige Zeiten, da die Bilder und Steine redeten; als der heilige Germain einen todten Esel auferweckte; als die heilige Maria von Tours dem Teufel einen Strick um den Hals warf; als die Engel das Haus der heiligen Jungfer, vermuthlich in einer Montgolfiere, von Betlehem nach Loretto versetzten; als die heilige Catharine in einer Pirutsche vom Himmel kam, um bey dem Mägdchen von Orleans *) einen Besuch abzustatten; als Mahomet mit seinen Tauben eine Religionsconferenz hielte! — Bald hätte ich die bileamschen Eseleyen, und die Thaten der Herren Apitsch und Rosenfeld in Berlin vergessen.

(IX.)

---

*) Die gute Catharine mußte nicht wißen, was zwischen diesem Mägdchen und dem Esel des heiligen Dionysius vorgieng. Man sehe die Voltairische Pucelle.

(IX.)

Als den französischen Comödianten zu Paris ein neuer Schauspielsaal unweit der St. Sulpicius Kirche angewiesen ward, so schien dieses anfänglich weder dem Pfarrer noch den Comödianten gelegen zu seyn. Wenigstens fiengen letztere an sich deswegen zu regen, und über das ewige Geklingel vom Thurm, wodurch sie in ihren Uebungen gestöret würden, ihre Unzufriedenheit zu bezeugen. Sie verfügten sich also in corpore zu dem Pfarrer, und ersuchten denselben, wenn die des Abends in der Kirche gewöhnlichen heiligen Verrichtungen ja nicht ein paar Stunden eher vorgenommen werden könnten, wenigstens die dazu einladenden Glocken, währender Schauspielzeit schweigen zu lassen. Der Pfarrer hörte die Vorstellung der unheiligen Erdensöhne mit Verwunderung an, schien unentschlossen zu seyn, was er ihnen antworten sollte, faßte sich aber und bemerkte ihnen mit dem Anschein aller Gelassenheit, daß sie mit der Zeit das Geklingel würden gewohnt werden, und ermahnte sie zu einer brüderlichen Verträglichkeit. Seit dieser Zeit spielet ein jeder an seinem Orte seine Comödie fort, ohne sich weiter über den andern zu bekümmern; wiewohl nach allem dieſen der Pfarrer nicht unterläßet, ſeine Bruder alle Sonntage ex officio von der Kanzel zu werfen, und ſie in Geſellſchaft der Kuppler und Hexenmeiſter in den Bann zu thun; eine Mode, die weder in den ſpaniſchen noch päbſtlichen Staaten, ſondern nur in Frankreich ſtatt findet.

(X.)

Madame Mara unternahm, da ſie Berlin verließ, eine große muſikaliſche Wanderſchaft, auf welcher ſie unter andern nach Baſel kam. Man wünſchte ſie zu hören, und ſie forderte 300 Rthlr. Das Concert kam nicht nur ſofort zu Stande, ſondern man erſuchte ſie annoch unter vorigen Bedingungen ein zweytes zu geben. Auch dieſes lief nach Wunſch ab, und da einige Liebhaber in ſie drangen, ſich zum drittenmal hören zu laſſen, ſo war ſie dazu bereit, wenn ſich wiederum für 300 Rthlr. Subſcribenten fänden. Es wurden aber nur 200 Rtlr. zuſammengebracht, und Madame Mara weigerte ſich zu ſingen. Indeſſen verbürgte ſich der Unternehmer des Concerts für das dritte Hundert, und die göttliche Sängerinn nahm nicht länger Anſtand, den Zauber ihrer

rer Stimme zum drittenmal bewundern zu laſſen. An eben demſelben Abend war ſie von dem Unternehmer zum Abendeſſen gebeten, bey welchem unter vielen andern Freunden der Muſik; auch ein geſchickter Dichter, ein ſchweizeriſcher Burmann zugegen war. Von ohngefähr lenkte ſich das Geſpräch auf Epitaphien, und da ſich die ganze übrige Geſellſchaft eines von ſeiner Manier ausbat, ſo that es auch die Madame Mara. Nachdem ſich ſelbiger anfänglich mit der Beſorgniß entſchuldigt hatte, daß ſeine Muſe die Vorzüge einer Mara ſchwerlich nach Verdienſt behandeln würde, ſo brach er in folgendes Jnpromtu aus:

Hier liegt begraben Madam' Mara.
Sie war weit lüſterner als Sara,
Denn Sie gebahr als Jungfer ſchon *).
Ihr Singen glich der Philomelen Ton,
Jedoch mit dieſem Unterſchiede,
Daß dieſe ſinget ohne Lohn,
Und jene ward des Nehmens niemals
     müde.

C 3   (XI).

---

*) Dieſer poetiſchen Sage wird als falſch widerſprochen. A. d. H.

(XI.)

Herr Peter Wichel, ein junger lehrbegieriger Violinist aus Ludwigslust, der sich anfänglich in Berlin des Unterrichts des nunmehr nach Paris zurückgekehrten Herrn Varenne bediente, begab sich im Jahre 1784 nach Potsdam, um sich daselbst unter der Direction des berühmten Herrn Haack, von dessen eleganten Concerten der Hummelsche Notenstich uns ein paar mitgetheilet hat, mehr und mehr auf seinem Instrumente zu bilden. Der Fleiß, womit derselbe seine Lectionen wiederhohlte, entsprach der Aufmerksamkeit des eifrigen Meisters auf die Fortschritte des Schülers, und seine in aller Absicht untadelhafte Aufführung machte ihm überall Ehre. — Von ungefähr geschah es, daß einmal sein Quartalwechsel nicht zu gehöriger Zeit eintraf. Es setzte ihn dieser Umstand in Unruhe, und bey aller Vorsichtigkeit die er anwendete, sie zu verbergen, war sie in seinen Augen zu lesen. „Was fehlt Ihnen, mein lieber „Herr Wichel?" fragte ihn unter andern ein gewisser Biedermann, der sich öfters das Vergnügen machte, seinen musikalischen Uebungen, wovon zu Zeiten bey ofnem Fenster im Sommer ganze Straßen erschallten, von ferne zuzuhören, und der,

ohne

ohne ein Musiker zu seyn, sich über den Eifer des Herrn Wichel in seinem Berufsgeschäfte so sehr zu freuen gewohnt war, als er ihn wegen seiner unschuldigen Sitten und guten Aufführung hochschätzte. Die Antwort des Herrn Wichel, worinnen er sich über ein bischen Kopfweh beklagte, befriedigte den Biedermann nicht. Er drang weiter in ihn, und erfuhr, daß ihm sein gewöhnlicher Wechsel ausgeblieben wäre, und er einige kleine Schulden zu bezahlen hätte. „Wie viel, fragte der Biedermann, „betragen denn wohl Ihre Schulden?" Der Herr Wichel benennte die Summe, und der Herr Fischer (das ist der Nahme des edelmüthigen Mannes,) der Herr Fischer, sage ich, ladete den Herrn Wichel auf den folgenden Tag zum Mittagsessen ein. Kommen Sie, fügte er hinzu, Ihren Wechsel, den der Briefträger aus Irthum bey mir abgegeben hat, in Empfang zu nehmen. Bezahlen Sie Ihre Schulden, ziehen Sie zu mir ins Haus, und nehmen hinführo mit meinem Tische fürlieb, so lange es Ihnen gefällt.

(XII.)

Als die Mademoiselle Guimard *), eine wohlgebildte Operistin von vielem Vermögen vor einigen Jahren zur Einnehmerin bey der Oper zu Paris, bestellet ward, circulirten den Tag darauf folgende Verse auf dem Parterre:

La Guimard on vient d'élire
Tréforiére à l'Opéra.
C'eſt fort bien fait; car elle a
La plus grande tirelire.

Die Guimard nimmt hinfort die Opergelder ein?
Gut! — denn die ihr'ge soll die größte Sparbüchs seyn.

*) Der Hamburger Correspondent vom 1. Febr. dieses Jahres meldet, daß die berühmte Tänzerinn zu Paris, Madem. Guimard ihr schönes Haus, welches sie vor etwann 20 Jahren bauen lassen, und welches beynahe 600,000 Livres gekostet hat, durch eine öffentliche Lotterie verspielen will.

Denkwürdigkeiten
einiger
Musikheiligen.

Drittes Dutzend.

Drittes Dutzend

der

musikalischen Denkwürdigkeiten.

(I.)

Kirnberger beschäftigte sich hauptsächlich mit dem Temperaturstudio, konnte aber nicht einig mit sich werden, ob er der gleich- oder ungleichschwebenden Stimmung den Vorzug geben sollte. Ohne Zweifel wäre die erstere seine Favorite geworden, wenn er ein Mittel hätte können ausfindig machen, sie mit so leichter Mühe als gewiße ungleichschwebende Temperaturen dem Flügel mitzutheilen. Die von ihm publicirte, aber vom berühmten Herrn Moses Mendelsohn ausgearbeitete Construction einer gleichschwebenden Temperatur wurde also so geschwinde von ihm verlaßen, als er sie adoptiret hatte. Er warf sich dieserwegen wieder

wieder auf die ungleiche Temperatur, und entdeckte von ungefähr, daß das Product von sieben Quarten weniger eine große Terz, eine um ein Zwölftheil Commat. diton. abwärtschwebende Quinte, in der Ration 16384: 10935 gäbe, oder umgekehrt, daß das Product von sieben Quinten plus eine große Terz, eine um jenes Zwölftheil aufwärtschwebende Quarte, in der Ration 10935: 8192 gäbe. Nach dieser Entdeckung, vermittelst welcher eine Quinte gehörig abwärts abgestimmet werden konnte, war natürlich nichts leichter, als die Stimmung von zwölf Quinten zu bewirken. Aber dieses Geheimniß blieb dem Herrn Kirnberger verborgen, und da solches in einem Augenblicke von dem scharfsinnigen Lambert, dem er sein gefundnes Intervall mittheilte, entschleyert ward, so war er zu eigensinnig, eine Temperatur zu genehmigen die er nicht selbst hervorgebracht hatte. Deßwegen publicirte er eine ungleichschwebende Temperatur, worinnen das von ihm gefundene Intervall nur einmal, nemlich in der Quinte fis cis vorkömmt. Sulzer, der vortrefliche Sulzer, der aber weder Ohr noch Musik hatte, unterließ nicht, ein grausames Lärmen von dieser Temperatur zu machen. Indeßen ist sie

nicht

nicht einmal von irgend einem geübten Clavierstimmer angenommen worden, iudem die Quinten d a und a e zu sehr abwärts schweben, und die zu starke Temperatur just solche Töne trift, nach welchen man die Violinen stimmet, und diese müßen rein und nicht schwebend gestimmet werden. Es ist besonders, daß der Herr Kirnberger nicht dieses Umstands eingedenk war, und wenn er ja allenfalls die Art seiner Stimmung andern Temperaturen zu substituiren wünschte, diese um $5\frac{1}{2}$ Zwölftheil commar. diton. alterirte Quinten nicht in cis gis, und gis dis brachte, und nach diesem Verhältniße seine andern Quinten vertheilte. Bey allem diesen soll demselben die Ehre bleiben, unter allen Musikern, vom Pythagoras bis auf ihn, zu allererst das Verhältniß $16384:10935$, oder umgekehrt $10935:8192$ entdeckt zu haben. Einem jeden das seinige!

(II.)

Als Herr Duport der ältere, in Preußischen Diensten, annoch in Paris war, so geschah es, daß ein gewißer Violoncellist, unter dem entlehnten Nahmen Duport, die
Pro-

Provinzen Frankreichs durchkreuzte, so wie bey uns ein paar Betrüger, unter den entlehnten Nahmen Kramer und Vanhall die Länder durchstreichen, und die Liebhaber in Contribution setzen. Von ungefähr kam der wahre Duport, auf einer gewißen Reise, in eine Stadt, wo er an den öffentlichen Gebäuden seinen Nahmen angeschlagen fand, mit der Anzeige, daß er auf dem Abend ein Concert geben würde. Voller Verwunderung, unter seinem Nahmen ein Concert angekündigt zu sehen, woran er nicht den geringsten Antheil hatte, entschloß er sich einen Tag da zubleiben. Der Nahme Duport, deßen superiore Talente durch ganz Frankreich bekannt waren, hatte die ganze Stadt im Hörsaale versammelt, und das Concert nahm seinen Anfang. Nachdem der Betrüger das erste Solo gespielet hatte, riß dem Herrn Duport die Geduld aus. Er eilte nach dem Orchester, nahm dem Stümper, welchem er sich mit Bezeugung seines Unwillens entdeckte, das Instrument aus der Hand; stellte unter den Zuhörern, die bereits unter sich zu murmeln angefangen hatten, durch den Zauber seines Spiels die vollkommenste Aufmerksamkeit wieder her, und gewährte ihnen dasjenige Vergnügen, das man von dem größten Violoncellisten unserer Zeit erwarten konnte. Der beschämte Plagiarius glaubte seine Sache dadurch wieder gut zu machen, daß er dem Herrn Duport die ganze sehr beträchtliche Einnahme anbot. Dieser aber schlug solche mit großmüthigem Stolz aus, und ersuchte ihn um die bloße Gefälligkeit, nicht mehr unter entlehntem Nahmen seine Farcen zu spielen.

(III.)

Eben derselbe Herr Duport war annoch sehr jung, als ihm eines Tages, von einem fremden Musiker, die Geschicklichkeit des Herrn Francischello in Genua auf dem Violoncell, sehr angerühmet ward. Voll edler Eifersucht angezündet, beschloß er bey sich eine Reise dahin zu unternehmen, und es währte nicht lange so war er da. Er präsentirte sich dem Herrn Francischello, und bezeugte ihm sein Verlangen ihn zu hören. „Nicht unter 100 Zechinen, versetzte derselbe, bin ich gewohnt mich hören zu lassen." — Der Herr Duport erwiederte, daß das Vergnügen einen Francischello zu hören, ohne Zweifel mehr als 100 Zechinen werth wäre, indem er seine göttliche Talen=

Talente für unschätzbar hielte. Weil er aber selbst ein Musiker, und in dieser Qualität nicht mit glänzenden Banconoten versehen wäre, so müßte er es den reisenden Fürsten und Grafen überlaßen, ihn bey dem Herrn Francischello, um deßentwillen allein er die Fahrt von Marseille bis nach Genua gethan hätte, zu übertragen. Der italienische Virtuose fand dieses Argument gegründet, ergriff sein Instrument und unterhielte den Herrn Duport eine Stunde lang mit den künstlichsten Capriccios. Der davon entzückte Duport wollte sich, nach abgestatteter Danksagung so fort wieder beurlauben, als ihn der Herr Francischello beym Aermel zurück hielte, und ihn ersuchte, ihm auch ein Kunststück von seiner Art darzulegen. Der Herr Duport that es zur vollkommensten Gnugthuung des Italieners, und nachdem beyde Virtuosen einander complimentiret hatten, so seegelte der Herr Duport, nach einem Aufenthalt von etwan drey Stunden in Genua, nach Frankreich zurück, ohne den Pallast des Doge oder das Arsenal angestaunet zu haben. Die Absicht seiner Reise war erfüllet, da er den Francischello gehöret hatte.

———

(IV.)

(IV.)

Als die Viola da Gamba (Basse de Viole) annoch in Frankreich das Lieblingsinstrument war, so thaten sich daselbst hauptsächlich die beyden Virtuosen hervor, Marin Marais und Forcroix,*) welche alles was in dem Geschmack ihrer Zeit von diesem Instrumente verlanget werden konnte, in der größten Vollkommenheit auf selbigem leisteten; der erste besonders in Ansehung des gefälligen und schmeichelhaften, und der andere in Ansehung der Schwürigkeiten und des raschen und lebhaften Spiels. Unter den verschiednen ausländischen jungen Musikern, welche der Ruf jener beyden Artisten nach Paris zog, und von welchen sich, nach Beschaffenheit des Geschmacks, einer die Manier des Forcroix und der andere die des Marais wählte, befand sich ein junger Deutscher Nahmens Heße, der sich nicht auf die Manier des einen oder andern einschränken, sondern in vtroque Caesar werden wollte. Weil er aber, wegen der zwischen beyden Meistern herrschenden Rivalität, sich einbildete und vielleicht nicht ohne Grund, daß ihm keiner von beyden seinen

*) Einige schreiben ihn Forqueray.

Unterricht gönnen würde, sobald der eine wüßte daß er zu dem andern gienge, so kam er auf den Einfall, sich bey dem einen Sachs, und bey dem andern Heße zu nennen, und er nahm sich sehr in Acht, in Gegenwart des einen von dem andern zu reden, oder gar an ebendemselben Orte mit ihnen zusammen zu kommen. Von ungefähr geschah es, daß beyde Virtuosen, nachdem sie sich in Jahr und Tag nicht gesehen hatten, eines Tages auf der Straße einander begegneten, und eins wurden aufs nächste Caffehaus zu gehen, um nach einer so langen Weile, als sie sich nicht gesehen, von Musik zu sprechen. Forcroir erzählte bey dieser Gelegenheit dem Marais, daß ein Deutscher, Nahmens Heße, seit etwan 6 Monaten bey ihm Stunden nähme, und daß der Mensch wie ein Teufel spielte. Nichts widerstünde seinen Fingern; die Paßagen mit den schwersten Applicaturen hätte er im Augenblick in seiner Gewalt, und er könnte ihm nichts vormachen, was er ihm nicht mit der größten Fertigkeit und Deutlichkeit nachmachte. — Parbleu! mein lieber Forcroir, antwortete Marais, wenn du einen Teufel zum Schüler hast, so habe ich einen Engel, und das ist auch ein Deutscher, Nahmens Sachs. Er spielet mit dem feinsten Gefühl

fühl, rein wie Gold, und weiß die Töne zu careßiren. Dabey hat er den fertigsten und gleichsten Triller mit allen Fingern, Terzen- und Sextentriller, in der Gewalt.

Forcroix. Das habe ich vergeßen, Dir von dem meinigen zu sagen. Ich wäre curiös, Deinen Herrn Sachs kennen zu lernen.

Marais. Und ich Deinen Herrn Heße. Um welche Zeit kömmt derselbe morgen zu Dir?

Forcroix. Morgen frühe um 9 Uhr.

Marais. Ich werde um diese Zeit zu Dir kommen, wenn Du es erlaubest.

Marais war bereits beym Forcroix, als der Herr Heße ankam, der gewaltig stutzte, als er seine beyde Meister bey einander fand. Ey! guten Morgen, Herr Heße, rief der eine Meister. — Ey! guten Morgen, Herr Sachs, rief der andere voller Verwunderung aus. Vorm Kukuk! haben Sie denn zweyerley Nahmen, und warum das? — Meine Herren, antwortete der betretene Deutsche, ich bitte tausend mal um Vergebung, daß ich mich dieser unschuldigen List bedienet habe, um von Ihnen beyden profitiren zu können. Nun da ich erkannt worden bin, habe ich vielleicht das Unglück beyden zu misfallen, und keiner hinführo wird

ferner die Gütigkeit haben wollen — —
Nein, nein, unterbrach ihn Forcroix. Besorgen Sie nichts. Es ist mir lieb, daß Sie jedem von uns beyden haben Gerechtigkeit wiederfahren laßen, und ich stehe Ihnen nach wie vor zu Dienste. Marais stimmte mit ein, und beyde Meister, die von Stunde an die besten Freunde wurden, umarmten ihren Schüler aufs zärtlichste, und beeiferten sich um die Wette, dem bis zum Thränen gerührten Heße, ein jeder sein Talent ohne Zurückhaltung mitzutheilen.

(V.)

Man fragte einen Kunstverständigen, was er von der Philidorschen Oper Ernelinde hielte, die vor einigen Jahren in Paris aufgeführet ward, und er antwortete, daß die Musik von allem etwas hätte; der Text aber von allem nichts. Ein Dichter hat sich fast auf ähnliche Art folgender gestalt darüber herausgelaßen:

> Qui veut de tout, de tout aura.
> Qu'il aille entendre l'Opéra;
> Chant d'église, chant de boutique,
> Du bouffon & du pathétique,
> Et du romain & du françois,

Et

Et du baroque & du niais,
Et tout genre de Symphonie,
Marche, fanfare & cetera.
Rien ne manque à ce drame-là
Si non esprit, gout & génie.

Im Jahre 1750 befand sich der itzo als Componist berühmte Philidor in der Qualität eines Schachspielers zu Berlin, wo er eines Tages in dem Hotel des Königlichen Generallieutenants, Grafen von Rottemburg, drey vornehme Spieler, nemlich den bemeldten Herrn Grafen, den Herrn Generalfeldmarschall von Keith, und den Herrn General von Mannstein, mit verbundnen Augen schachmatt machte. Uebrigens ist der Herr Philidor, wie ich irgendwo gelesen habe, kein Engländer, sondern ein Franzose, und zwar ein Sohn des Königlichen französischen Capell= und Kammermusicus Philidor, der im Jahr 1725 das Concert spirituel zu Paris gestiftet hat.

(VI.)

Der Herr Abt Vogler, Churpfalzbayerscher erster Capellmeister, deßen superiore Einsichten nunmehro auch in den nördlichen Gegenden Deutschlands bekannter geworden,

worden, kam nach Hamburg, und da er hörte, daß bey einer gewissen vornehmen Dame daselbst Concert seyn würde, so eilte er dahin, und begab sich in den Musiksaal. „Werden Sie, gnädige Frau," redete er dieselbe an, „dem Abt Vogler die Freyheit „vergeben, mit welcher er unangemeldet „und vielleicht unbekannt sich gehorsamst die „Erlaubniß ausbittet, Dero Concerte bey= „zuwohnen?" — O! mit vielem Ver= gnügen, antwortete die Dame. Wo sich ein Vogler präsentiret, stehen alle Thüren offen.

(VII.)

Johann Philipp Kirnberger, der gern in Kleinigkeiten groß war, pflegte in die Producte seiner Muse öfters gewisse Sätze hineinzumischen, die nicht durch ihre innere Beschaffenheit, sondern bloß durch die Art der Notirkunst schwer wurden, und den sichersten Spieler beym ersten Anblick verwirren konnten. Gelang es ihm jemanden damit zu überraschen, so war sein Ver= gnügen vollkommen. Der schadenfrohe Mann machte sich eine Zeitlang über die vermeinte Unwißenheit der angeführten

Spieler

Spieler luſtig, und dünckte ſich bey dieſer Gelegenheit nicht wenig. — Zu jener Art von Schnurren gehöret unter andern eine Menuet aus dem harten E, aus einem Violintrio in dieſem Ton. In dieſer Menuet beweget ſich der Baß vom Anfang bis zum Ende in lauter Viertheilnoten fort, währender Zeit die Violinen, in Noten von gröſſerm Wehrt, gegeneinander ſyncopiren. Da der Componiſt ſich mit Vorſatz keiner Bindungsſtriche bey den Syncopationen bedienen, und das Tonſtück nicht auf eine verſtändliche Art zu Papier bringen wollte, ſo kömmt es daher, daß wider die Natur und Ordnung des Dreyviertheiltacts, mancher Tactraum aus einer ganzen und halbſchlägigen, oder auch aus drey halbſchlägigen Noten, mithin aus dem Wehrt von ſechs Viertheilnoten beſteht, und folglich hin und wieder zwey Tacte in einen zuſammengezogen werden. — Nachdem der Herr Kirnberger bereits in der Stille auf ſeiner Stube, manchen angehenden Violiniſten mit dieſem Kunſtſtück angeführet, und ſich darüber gefreuet hatte, ſo wandelte ihn die Luſt an, ein paar Virtuoſen damit auf die Probe zu ſtellen. Er nahm die Herren Salomon und Müller, von welchen ſich der erſte anitzo in London, und der andere, ſein

Schüler, in Stockholm aufhält, aufs Korn, und das Ungefähr wollte, daß sie alle drey bey dem königlichen Bancodirector, Herrn Willmann, bey einer musikalischen Versammlung zusammen trafen. Der Herr Kirnberger, der vor Ungeduld brennte den beyden stolzen Geigern eine kleine Röthe abzujagen, ergriff die erste beste Gelegenheit, sein Trio aufzulegen, zu welchem er selbst allein die Baßpartie auf dem Flügel machen wollte, ohne ein Violoncell dabey zuzulassen. Salomon und Müller traten vor ihr Pult, unterließen aber nicht, nach ihrer Gewohnheit und um so mehr, weil sie die Launen des Triocomponisten kannten, ihre Stimmen mit Argusaugen flüchtig durchzulaufen. Da sie in der letzten Menuet die großen Pfundnoten gewahr wurden, so zeigten sie solche einander lächelnd, und das Trio nahm seinen Anfang. Es wollte aber dieses mal der Gott Momus die Wünsche seines Freundes Kirnberger nicht erfüllen. Als nemlich der erste Theil des Anfangsallegro wiederhohlet ward, so fiengen die beyden Violinisten an die Künste ihres Bogens durch verkehrte Striche zu zeigen, durch welches Verfahren der im Tacte niemals sichere Kirnberger in solche Unordnung gerieth, daß er voller Verdruß vom Flügel

auf=

aufstand, und den Ausgang mit der Me‑
nuet nicht abzuwarten Lust hatte. Man
schmunzelte über die Art, womit er sich aus
dem Concert entfernte, und der Herr Mara,
der mit seinem Violoncell ganz müßig da ge‑
sessen hatte, wurde ersucht, das bedenkliche
Trio zu accompagniren. Es geschah, und
das Trio wurde vom Anfang bis zum Ende
ohne den geringsten Fehler executiret. —
Der Herr Kirnberger gehörte nicht unter
die Clavizembalisten, die, nach der Idee
des Herrn Musikdirectors Forkel zu Göt‑
tingen, zur Direction eines Concerts ge‑
braucht, und einem mit der Geige anfüh‑
renden Meister substituiret werden könnten.

(VIII.)

Ich gebe es Ihnen zu, sagte beym Her‑
ausgehen aus einer Oper zu Berlin, ein un‑
schuldiges junges Fräulein zu einer andern
Dame, daß unser göttlicher Concialini
der erste Sänger der Welt ist. Aber bey
allem diesen will doch meine Mama behaup‑
ten, daß ihm etwas fehlet; und ich traue
dem Urtheil meiner Mama.

(IX.)

Als die Herren Marpurg und Sorge wegen des musikalischen Grundbaſſes, eine Materie, die unter zehn Tonkünſtlern kaum einer verſtand, Quartanten gegen einander ſchrieben, ſo bat ſich der erſtere bey Publicirung eines gewiſſen Werkes wider letztern, das Gutachten verſchiedener angeſehnen Muſiker dieſer Zeit aus. Unter denen, die ihre Urſache hatten, das Amt eines Schiedsrichters in dieſer Sache abzulehnen, befand ſich auch der damalige Hofcomponiſt zu Berlin, Herr Agricola, der nur unter der Hand und unter einem fremden Nahmen, ſo wie es die Herren von Moldenit und Kirnberger zu ihrem Leidweſen erfahren haben, an Streitigkeiten Theil zu nehmen pflegte. Er antwortete alſo dem über ſein Urtheil ihn mahnenden Herrn Marpurg in folgenden Knittelverſen:

Weil denn ſchon Urtheil' laufen ein,
So kann ich deſto b'dächt'ger ſeyn,
Und nicht ohn Nachdenk'n wie ein
      Schwein
Mit mein'm Gutachten platzen drein,
Sondern, wie ſichs geziemet rein,
Des Streits End erſt abwarten fein:

Und

Und ungeacht't Ihr'r schön'n Verselein
Dennoch mein schlechtes Urtheil klein
Zurückhalt'n ohne falschen Schein,
Und itzt erwähl'n das ἐπέχειν.
Sonst möcht Herr Sorge drüber schreyn,
Und mit mir anfang'n Zänkerey'n,
Ja wohl gar drucken lassen Flegeley'n,
Die mir könnt'n machen große Pein,
Und nicht würd'n schmecken insgemein,
Als wenn beym Herren Häberlein
Ich trinken thät ein Flaschen Wein.
Sobald Ihr zweyter Theil erschein=
en wird, in Berlin, nicht am Rhein,
Dann will ich fix und fertig seyn,
Und mein Urtheil soll laufen ein.
Ich hoff' Sie werden mir dies verzeyhn,
Und Geduld haben ohne Dräun;
Es bitt't Sie drum, lieb'r Herre mein,
Ich, ihr gehorsamstes Dienerlein.

Ich bin jetzo etwas heiser. Sobald meine Stimme wieder helle seyn wird, stehe ich Ihnen mit allen meinen Zankungskräften zu Dienste.

J. S. A.

(X.)

(X.)

Eine italienische Actrice in Wien ließ sich vom Gottlieb Muffat, einem der vortreflichsten Spieler und Componisten seiner Zeit, auf dem Clavier unterweisen. Als ihr eines Tages ein Notenhausirer allerhand geschriebene Neuigkeiten fürs Clavier präsentirte, so suchte sie sich lauter Partien vom Obercapellmeister Fux aus, und gab alle andere Sachen von Kuhnauen, Graupnern, Händeln und andern zurück. „Warum, „Mademoiselle, fragte Muffat, der just „dazu kam, wollen Sie sich denn nicht auch „von andern Meistern etwas anschaffen?"— Warum? Signor, antwortete die Mademoiselle, weil ick bin eene krößre Liebabern von kuten Fuxpartien, als von allen andern Sakken.

(XI.)

Die Studenten in Halle schickten sich an, ihrem künftigen Prorector eine feyerliche Abendmusik zu bringen. Es war im Jahre 1749. Der Text zur Serenate wurde von dem geschicktesten Dichter unter den Musensöhnen

söhnen verfertigt, und der Herr ⸗ ⸗ ⸗
Organist und Musikdirector an der ⸗ ⸗ ⸗ ⸗
Kirche ward ersucht, solche nach der aller-
neuesten Art aufs galanteste zu componiren.
Entweder war es die Sache dieses Organisten nicht, galant und nach der neuesten Art
zu componiren, oder er hielte das ihm ange-
gebotene Honorarium von 100 Rthlr. für
zu klein, um dafür ein paar Arien und Re-
citative in Musik zu bringen. Da er einen
guten Vorrath von Kirchenstücken hatte,
worinnen allerhand Arten von Doppelcon-
trapunkten, in gleicher und verkehrter Bewegung, einander durchkreußten, so suchte
er aus einem gewissen sehr künstlichen Pas-
sionsoratorio ein paar Arien heraus, deren
metrische und rhytmische Beschaffenheit mit
denen aus der Serenate einige Aehnlichkeit
hatte. Er zwang den Text der neuen
Arien unter die Melodie der alten, so gut
als möglich war, fertigte eine Partitur an,
und schickte sie dem Unternehmer der projecti-
ten Abendmusik zu, der ihm das veraccor-
dirte Honorarium den Tag nach der Aufführung auszuzahlen versprach. Nachdem die
Sänger, nebst den Stadt- und Regiments-
musikern sich lange genug mit ihren Stimmen gemartert hatten, und im Stande zu
seyn glaubten, die Musik so wenig discor-
dant

dant als möglich aufführen zu können, so gieng solche nach gewöhnlicher Art vor sich. Zum Unglück für den Componisten, fand sich unter den Zuhörern ein sächsischer Cantor unweit Leipzig, dem die parodirten künstlichen Arien bekannt waren. Er fieng an, über die Entweihung derselben, ärger als Lully ehedessen über die Transformation einer seiner weltlichen Arien in eine geistliche, zu jammern und zu wehklagen, und fragte einen Studenten, wer der saubere Vogel wäre, der sich erfrechet, ein so sündliches Plagium zu begehen. Man nennte ihm den Nahmen des vermeinten Componisten, und der seufzende Cantor zuckte die Achseln. — Da der Unternehmer der Musik von diesem Vorfall Wind bekam, und hörte, daß die Arien nichts weniger als neu, und wenigstens 30 Jahre alt, und noch dazu aus der Paßion eines gewissen großen Doppelcontrapunktisten entlehnet wären, so verweigerte er dem Herrn Plagiario das Honorarium, worüber es zu einem Proceß kam, dessen Ausgang ich nicht erfahren habe, weil ich kurz darauf die Universität Halle verließ.

(XII.)

(XII.)

Ein Violinist in einer pohlnischen Capelle, Nahmens Kosolowsky, spielte öfters ein Concert von eigener Composition, worinnen eine Passage vorkam, welche der Herr Kirnberger, der als Clavierist bey dieser Capelle stand, nicht ausstehen konnte, weil eine unharmonische Wendung darinnen enthalten war. Kirnberger setzte dem Kosolowsky öfters über diese Passage zu, und erbot sich ihm eine andere zu substituiren, wenn er sie nicht selbst verbessern wollte. Kosolowsky hatte keine Ohren dazu, und Kirnberger nahm sich vor, ihn durch ein anderes Expediens dahinzubringen, entweder das Concert nicht mehr zu spielen, oder die bewußte Passage wenigstens zu verändern. Er gewöhnte einen Hund des Fürsten auf seine Stube zu kommen, und so oft solches geschah, spielte er ihm auf der Violine denjenigen Theil des Concerts vor, in welchem die krätzige Passage war, unterließ aber nicht, bey selbiger jedesmal dem Hunde ein paar Risse mit dem Stock zu geben. Der aufmerksame Hund kam durch diese Uebung in kurzem soweit, daß er jedesmal, wenn die fatale Passage kam, jämmerlich zu heulen anfieng, und das war es was Kirnberger wünschte. Als dieser nun eines Tages

durch

durch einen seiner Spionen erfuhr, daß Kosolowsky sein verwünschtes Concert spielen wollte, so veranstaltete er durch einen Bedienten des Fürsten, daß der Hund in den Concertsaal hineingelassen ward. Kosolowsky legte sein Concert auf, und als er an die verzweifelte Passage kam, erhob der Hund mit einemmal ein so jämmerliches Geschrey, daß die ganze Capelle irre gemacht ward, und die Instrumente niederlegte. Der Fürst ließ das Concert von neuem anfangen, und der Hund fieng bey der Passage aufs neue zu heulen an. „Nun werden „Sie es doch wohl merken, sprach Kirn„berger zum Kosolowsky mit halbleiser „Stimme, daß die Passage nichts tauget, „da Sie sogar die Hunde damit aufrührisch „machen." Der Fürst lachte den Kosolowsky aus, der nach der Zeit nicht weiter mit seinem Concert erschien.

Denkwürdigkeiten

einiger

Musikheiligen.

Viertes Dutzend.

E

Viertes Dutzend

der

musikalischen Denkwürdigkeiten.

(I.)

Zum Lebenslauf des Herrn Quanz. Die Madame Schindlerin in Dresden, mit deren Ehegatten der Herr Quanz die genaueste Freundschaft unterhalten hatte, ward Wittwe, erlaubte aber dem Herrn Quanz, ihr Haus nach wie vor zu besuchen. Sie geriethen nach und nach in einen vertraulichern Umgang als vorher. Die Madame Schindlerin war von sehr lebhaftem Temperament, und der Herr Quanz ein wohlgemachter Mann, der außerdem als einer der vortrefflichsten Virtuosen seiner Zeit, überall hochgeschätzet ward, und in Ansehung der Execution mit dem berühmten Blavet und dem unvergleichlichen Buffardin um den Rang stritte, in Ansehung der Composition aber sie beyde übertraf. — Als der Herr Quanz eines Tages, bey seiner geliebten Schindlerin war, so fieng sie an über einen Anfall von grausamen Kopfschmerzen und Seitenstichen zu klagen, legte sich zu Bette und ließ Arzt und Priester kommen. Da der erstere ihren Zufall für sehr bedenklich hielte, so war der andere, ein katholischer Priester, der Meinung, daß man nicht säumen müßte, die Leidende mit den Sakramenten der Kirche zu versehen. Der Herr Quanz brach am Bette seiner Freundin in die bittersten Thränen aus, und diese redete nur schluchzend mit gebrochenen Worten, und könnte nichts weiter herausbringen, als wie sie wünschte, den Nahmen einer rechtmäßigen Frauen vom Herrn Quanz mit sich ins Grab zu nehmen. Quanz war zur Bewirkung dieses Verlangens mit Leib und Seele bereit, worauf sich der Geistliche nach Höfe verfügte, um die Erlaubniß zu erhalten, bey bewandten Umständen den Herrn Quanz und die Madame Schindlerin ohne weitere Ceremonien sofort zusammen zu geben. Die Erlaubniß war in Zeit von einer Stunde da, der Trauungsact gieng vor sich; die Kranke aber — die vermeinte Kranke fuhr mit einem Satz aus dem Bette heraus, fiel den Herrn Quanz mit einem grausamen Lachen, herzend und küßend um den Hals; und der Herr Quanz —

der

der stand wie versteinert da, und wußte nicht, wie er so geschwinde, in dem Zeitraum von etwan zwey Stunden, zu einer Frau gekommen war.

(II.)

Emanuel Bach ließ sich in einem Privatconcert zu Berlin mit einer gelehrten Fuge aus dem Stegereif hören, und alle Welt bewunderte ihn. „Ist denn Ihnen, „meine Herren, dieses so was neues? „fragte eine Dame. Erinnern Sie sich „nicht, daß alle Herren Bachen in Fugen „gebohren worden?"

(III.)

Unter meinen zerstreueten Papieren finden sich ein paar Sinngedichte von dem berühmten Telemann, der öfters an diesem oder jenem Musiker seinen epigrammatischen Witz auszulassen pflegte. Da sie curiös genug sind, um aufbehalten zu werden, so theile ich sie mit.

(A) An den Herrn H.... (das ist, Hurlebusch, der ein fertiger Clavierist war, und sich damals in Hamburg aufhielte.)

Du spielest unvergleichlich schön; doch mit
 Ermüdung unsrer Sinnen.
Wer halb soviel des Guten thut, wird
 zehnmal mehr als du gewinnen.
Du fragst: Wie so? *) ich will's
 dich lehren,
Du weißt nicht aufzuhören.

(B) Auf den Herrn Legationsrath M.... (das ist Mattheson, als derselbe im Alter alles zu loben anfieng, nachdem er in der Jugend alles getadelt hatte.)

Einst nannte er das Aechte schlecht;
Itzt heisset er das Schlechte ächt,
Um jenen Irrthum zu verbessern.
Allein man überleg es doch;
Dort log er, und hier lügt er noch,
Das heißt die Schuld vergrössern.

       (IV.)

---

*) Eine gewöhnliche Frageformel des Herrn Hurlebusch, die er alle Augenblicke im Munde hatte.

(IV.)

Sulzer, der Verfasser der allgemeinen Theorie der Künste, war vor seiner nähern Bekanntschaft mit dem Prinz Heinrichschen Capellmeister Herrn Schulz und dem Herrn Kirnberger, (zwey berühmten Männern, von welchen man nicht weiß, ob der erstere vom letztern, oder dieser von jenem mehr profitiret hat,) ein Erzfeind von allen contrapunktischen Künsten. Als er eines Tages den Herrn Quanz und Agricola, bey einer gewissen Gelegenheit, seinen Widerwillen gegen die Fugenmacherey äußerte, so versetzte Quanz mit der ihm gewöhnlichen stolzen Lebhaftigkeit, daß sein Widerwille ohne Zweifel daherrührte, daß er vielleicht niemals eine gute Fuge gehöret hätte.

Sulzer. Es kann seyn. Lassen Sie mich einmal eine gute Fuge hören.

Quanz. Das kann geschehen. Wollen Sie Morgen Nachmittag sich zu mir bemühen, so soll Ihrem Verlangen genüget werden.

Der Herr Sulzer erschien um die verabredete Zeit in dem Hause des Herrn Quanz, bey welchem sich bereits der Herr Agricola, und der vortrefliche annoch lebende erste Flötenist des Königs von Preußen, Herr Lindner befanden.

Quanz.

Quanz. Ist es Ihnen nicht gefällig, Herr Professor, daß ehe wir Ihnen eine Fuge vorspielen, wir Ihnen zuvor etwas aus der galanten Schreibart hören lassen.

Sulzer. Sehr wohl. Man kann die beyden Schreibarten desto besser gegen einander vergleichen.

Die Musik nahm ihren Anfang. Der Hr. Quanz aber hatte das Ding umgekehrt, und anstatt eines galanten Solos, ein stark fugirtes Trio aufgelegt, von welchem Quanz die erste, Lindner die zweyte Flöte, und Agricola den Generalbaß auf dem Flügel spielte. Den guten Sulzer, der eine galante Sonate zu hören glaubte, überfiel eine Entzückung nach der andern, und die Ausrufe bravo! bravissimo! tönten alle Augenblicke von seinen Lippen daher. — Nun, sagte Quanz, wollen wir auch eine Fuge vornehmen. Er legte aber statt einer Fuge eines von seinen neuesten für den König gemachten Solos auf das Pult, und spielte wie ein Engel. Der Herr Sulzer, der jede Passage, lauffende und gebrochene, für einen Contrapunkt in der Decime hielte, wollte auf seinem Sopha des Teufels werden. Er stieß die heftigsten Schmähformeln aus, und war im Begriff wegzugehen, als die drey Virtuosen nicht länger an sich halten

halten konnten, und auf einmal ein lautes Gelächter erhoben. Sulzer, der noch nicht merkte, wie sehr er hintergangen war, oder vielmehr sich selbst betrogen hatte, wurde von dem Herrn Quanz, dem diese Farce lieber als 100 Dukaten für eine Flöte war, ohne viele Umstände näher davon unterrichtet. Er ward roth, gieng voller Verdruß nach Hause, und schrieb —— ein Wörterbuch, worinnen er sagt: „daß diejenigen, „die den doppelten Contrapunkt verachten, „und für ein bloßes Gewebe von pedanti„schen Künsteleyen halten, Erzignoranten „in der Musik und Esel sind."

(V.)

Ein nicht ungeschickter, aber außerhalb seinem musikalischen Kreise höchstunwissender und dummstolzer Musiker, ward in einer fürstlichen Capelle bey der zweyten Violine angenommen. Kaum hatte er seine Bestallung erhalten, so fieng er an auf seinen nunmehrigen Titel groß zu thun. Er hatte sonst in einem gewissen öffentlichen Concert mitgespielet, und dafür ein gutes Honorarium erhalten. Dieses hielte er nunmehr unter seiner Würde, weil verschiedene Mitglieder

glieder jenes Concerts keine Kammermusiker waren, und er anitzo keine andere als fürstlich bestallte Musiker für vollwichtig erkannte. Er wollte also den vom Concert gezogenen Profit lieber entbehren, als sich mit allerhand Arten von Spielern, encanailliren. Kam etwan ein fremder Virtuose in die Residenz seiner Durchlauchten, so war das erste daß er sich erkundigte, ob er auch ein bestallter Kammermusiker wäre. Als er nun einmal bey Gelegenheit, da der berühmte Eßer daselbst erschien, an einen seiner Dienstcollegen, der einen hellern Kopf hatte, und wußte daß die Virtu nicht im Patente stecket, diese Frage that, so antwortete derselbe, daß Herr Eßer allerdings ein Kammermusiker wäre, und ein großes Patent vom Apollo in der Tasche hätte. — „Vom Apollo? „fragte der Dummbart voller Verwunde-„rung. Das wird vermuthlich vom Kayser „seyn. Nun dann wollen wir ihn paßiren „laßen."

(VI.)

Johann Sebastian Bach, auf welchen man das horazische *nil oriturum alias, nil ortum tale*, anwenden kann, pflegte sich
mit

mit Vergnügen einer Begebenheit zu erinnern, die ihm auf einer in seiner Jugend angestellten musikalischen Reise begegnet war. Er war auf der Schule zu Lüneburg, in der Nähe von Hamburg, wo damals ein sehr gründlicher Organist und Componist, Nahmens Reinecke blühete. Da er um diesen Künstler zu hören, öfters eine Reise dahin machte, so geschah es eines Tages, da er sich länger in Hamburg aufgehalten hatte, als es das Vermögen seiner Börse erlaubte, daß er bey seiner Zurückwanderung nach Lüneburg, nicht mehr als ein paar Schillinge in der Tasche hatte. Noch nicht hatte er den halben Weg zurück gelegt, als ihn ein starker Appetit anwandelte, und er zu dem Ende in einem Wirthshause einkehrte, wo ihm bey dem köstlichen Geruch aus der Küche, die Lage, worinnen er sich befand, noch zehnmal schmerzhafter vorkam. Mitten in seinen trostlosen Betrachtungen darüber hörte er ein knarrendes Fenster öfnen, und sahe, daß aus selbigem ein paar Heringsköpfe auf den Kehrigt geworfen wurden. Als einem ächten Thüringer, fieng ihm beym Anblick dieser Figuren der Mund zu wässern an, und er säumte keinen Augenblick sich ihrer zu bemächtigen; und siehe, o Wunder! er hatte kaum angefangen sie zu

zer

zergliedern, so fand er in einem jeden Kopfe einen dänischen Ducaten versteckt; welcher Fund ihn in den Stand setzte, nicht allein nunmehro eine Portion Braten zu seiner Mahlzeit hinzuzufügen, sondern annoch mit ehestem mit mehrer Gemächlichkeit eine neue Wallfahrt zum Hrn. Reinecke nach Hamburg zu unternehmen. Besonders ist es, daß der unbekannte Wohlthäter, der ohne Zweifel am Fenster gelauschet haben wird, um zu sehen, welchem Glückskinde sein Geschenk zu theil werden würde, nicht die Curiosität gehabt hat, die Person und Eigenschaften desselben näher zu recognosciren.

(VII.)

Ein unbarmherziger Kunstrichter, der alles zu tadeln gewohnt war, nur nicht was er selbst gemacht hatte, nahm sich öfters die Freyheit, auf die Titelblättter fremder Tonstücke die Worte hinzuschreiben: Setzer dieses ist ein Esel Ein Componist, dem auch diese Ehre wiederfahren war, bekam von ungefähr bey einem Freunde die Abschrift eines seiner Tonstücke zu sehen, welches der gewaltige Kritiker dergestalt beurtheilt

theilt hatte. Weil nun auf dem Titelblatt noch ein Platz für eine Reihe Noten war, so machte er sich solchen zu Nutze, um über das von dem Kritiker ihm gemachte Compliment einen Lieblingscanon des Kritikers in Hypodiapente hinzuschreiben. Der Kritiker erfuhr es, verschluckte die Pille, zündete eine Pfeiffe Taback an, und studirte auf neue Kunstgriffe die Musiker zu ängstigen.

(VIII.)

Ludewig der XIIte von Frankreich, fand an einem gewißen gemeinen Liedchen soviel Vergnügen, daß er seinem Capellmeister Josquin eines Tages den Auftrag gab, selbiges in einen Canon zu bringen, und in selbigem eine Stimme für ihn zu menagiren. Ob Josquin sich gleich über den Antrag des Königs wunderte, indem derselbe nicht allein eine sehr schwache Stimme hatte, sondern auch nicht musikalisch genug war, so antwortete er doch nach kurzer Ueberlegung, daß er thun würde was Se. Majestät verlangten. Er untersuchte das Liedchen, und fand, daß sich der Anfang davon zu einem zweystimmigen Canon im Einklang gebrauchen ließe, und daß das ganze harmonische
Gewebe

Gewebe aus den abwechſelnden Accorden von *G* moll und *D* moll beſtände, als

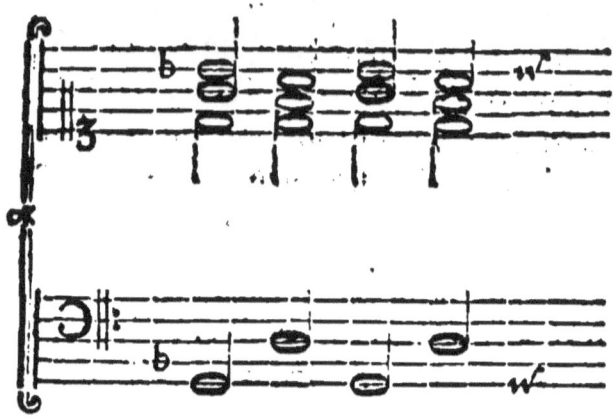

Als den andern Tag bey Hofe Muſik gemacht ward, ſo überreichte Josquin dem Könige die für ihn geſetzte Stimme, rief ein paar Singknaben herbey, denen er den zweyſtimmigen Canon vorlegte, und er, der Capellmeiſter, nahm den Baß g d g d ꝛc. Die Ausführung gieng zum größten Vergnügen des Königs vor ſich, der nichts weiter als die einklängigen Noten d d d d ꝛc. zu ſingen hatte. Der König lachte nach vollbrachter ſauern Arbeit über den Einfall ſeines Capellmeiſters, und machte ihm ein Geſchenk.

(IX.)

(IX.)

Als der Churfürst von Hannover, Georg I. im Begriff war von dem Königreich Engelland Besitz zu nehmen, so empfohl sich ihm sein Concertmeister Farinelli, Oncle des nachhero bekannt gewordnen berühmten Sängers*) dieses Nahmens, mit den Worten: "Herr, gedenke meiner, wenn Du "in dein Reich kömmst."

(X.)

Eine junge Virtuosin auf der Violine, liebenswürdig wie die Mad. Strinasacchi und schön wie die Madame Syrmen, unternahm auf Veranlassung des Hofes, an welchem sie in Diensten stand, eine musikalische Reise nach den vornehmsten Städten Europens, in welchen die Künste Apollens verehret werden, und kam mit neuen Kenntnissen, und mit goldenen Uhren, prächtigen Ringen und andern Kostbarkeiten überhäuft,

an

---

*) Man sehe von selbigem des gelehrten Herrn Burney's Tagebuch einer musikalischen Reise, I, II. und III. Band.

an den Ort ihres Aufenthalts zurück. Sie wurde mehr als jemals bewundert, und alle Welt machte ihr, wegen ihrer mit so glänzendem Erfolg zurückgelegten Reise, ein Compliment. Nur ihr vertrautester Freund ein Dichter, schien mit ihr unzufrieden zu seyn, indem er bey der ersten geheimen Unterredung, bey welcher er eine große Veränderung in ihren körperlichen Eigenschaften entdeckte, sich nicht enthalten konnte, folgendes Inpromtu herauszustoßen:

Bey allem was die Kunst der Geige Dir
gebracht,
Ists kläglich, daß sie Dir aus zweyen eins
gemacht.

Vermuthlich war es ein ähnlicher Fall mit dem beym Owen, der bey Wiederfindung einer ehemahligen Liebste, folgendes Sinngedicht verfertigte:

Res tibi in immensum paruo quam tempore creuit!
OMEGA nunc; — annos *Omikron* ante duos.

(XI.)

(XI.)

Einer der ersten Violinisten Europens, der Herr Lolli ward von einem Liebhaber der Kunst gefraget; warum er nicht gerne ein Adagio spielte? „Ich bin, antwortete „er, aus der Stadt Bergamo, die seit un„denklichen Jahren das Recht hat, die „Welt mit Lustigmachern, Springern und „Seiltänzern zu versehen. Soll ich der „erste seyn, der seinem Vaterlande Schande „machet, und einen winselnden Zieraffen „vorstellen?" Curios ist es, daß die Stadt Bergamo zwey Virtuosen hervorgebracht, die die größten Schwürigkeiten, deren die Violine fähig ist, versuchet und überwunden haben, vor funfzig Jahren **Piedro Locatelli**, und itzo **Lolli**.

(XII.)

Ein Liebhaber der Musik, der in Paris und London gewesen war, und die dortigen musikalischen Einrichtungen kennete, kam in eine Stadt Deutschlands, wo ein ansehnliches Concert war. Weil er glaubte, daß es allhier eben

eben so wie dort seyn würde, so fragte er beym Eingang ins Concert den Herrn Director, ob er nicht so gefällig seyn wollte, ihm den gedruckten Anschlag der aufzuführenden Tonstücke zu communiciren. „Mein „Herr, antwortete der Herr Director, ich „weiß zur Zeit noch nicht, was wir heute „machen werden, noch wer sich solo wird „hören lassen" *).

*) Man erzählet, daß in einem andern Concert deßwegen keine Anschläge gedruckt werden, weil man besorgt, daß die auf selbigen angegebenen Spieler oder Sänger währender Zeit möchten krank werden, und sterben. Solche Ursachen sind denn nun wohl in Ueberlegung zu nehmen ꝛc. ꝛc.

A. d. H.

Denkwürdigkeiten

einiger

Musikheiligen.

―――

Fünftes Dutzend.

Fünftes Dutzend

der

musikalischen Denkwürdigkeiten.

(I.)

Im Jahre 1724 ward eine auf die Geburt der letzten Oester. Erzherzogin von dem berühmten Obercapellmeister Fux componirte Oper am Wiener Hofe aufgeführet, welche Kaysern Carl dem VIten dergestalt zu gefallen das Glück hatte, daß als sie zum drittenmal vorgestellet ward, derselbe zum Vortheil aller derjenigen, die in selbiger gesungen und gespielet hatten, eine Lotterie von Juwelen, goldnen Uhren und Tabatieren ꝛc. veranstaltete, in welcher alle Loose Treffer waren, und das geringste Loos 500 fl., die größern aber 1000, 1500 bis 2000 fl. betrugen. Der Kayser selbst spielte das Clavier, und accompagnirte die Singstimme durch die ganze Oper; die älteste Erzherzoginn aber agirte auf dem Theater. Die Kayserinn hatte

hatte die Partitur, woraus der Kayser spielte, aufs kostbarste einbinden, und sie Sr. Majestät, in ihrem Nahmen, beym Eintritt ins Orchester überreichen lassen. Der Kayser nahm die Partitur, machte der Kayserinn eine Verbeugung, setzte sich vor dem Flügel, und gab ein Zeichen um die Oper anzufangen. Bey dieser dritten Aufführung derselben geschah es, daß der Obercapellmeister Fux, der beständig hinter dem Kayser stand, und die Partitur umwendete, an einem gewissen kritischen Ort der Oper, über die Kunst und Discretion Sr. Majestät im Accompagniren, in solche Entzückung gerieth, daß er in ein lautes Bravo! ausbrach, und das Compliment hinzufügte: Halter! Ew. Majestät könnten überall einen Obercapellmeister abgeben. Der Kayser kehrte sich um, und antwortete lächelnd: Halter! mein lieber Obercapellmeister, wir haben es als Kayser besser.

(II.)

Im Jahr 1734 wurde das Lustspiel *les Mécontens* zum erstenmal auf dem französischen Theater zu Paris gegeben. Dieses Stück endigte sich mit einem Rundgesang von

von der Composition des Herrn Mouret, in welchem zum Schlusse jeder Strophe die Verse wiederhohlet wurden:

> Et voilà comme
> L'homme
> N'est jamais content.

Als die berühmte Madem. Dangeville ihre Strophe von diesem Liedchen gesungen hatte, so ward *bis* gerufen, und sie wiederhohlte dieselbe. Einige junge Herren, die sich mit der Wiederhohlung nicht begnügten, verlangten daß sie solche zum drittenmale möchte hören lassen, und riefen *encore*. Die Actrice, welche bereits ihren Platz verlassen hatte, kam zurück, sahe die jungen Herren an, wiederholte aber nichts weiter als das Refrain:

> Et voilà comme
> L'homme
> N'est jamais content.

welches in Absicht auf das Verlangen der jungen Herren, sehr analogisch mit dem Inhalt des Stückes war, und der sinnreichen Actrice ein neues Bravo zuwegebrachte.

(III.)

Ein italienischer Violinist kam nach London, und kündigte ein Concert an, worinnen er einige Capriccios vom Locatelli auszuführen versprach. Seine Freunde machten ihm zu einem zahlreichen Auditorio Hofnung und er betrog sich, indem er kaum so viel gewann, daß er die Kosten damit bezahlen konnte. Er glaubte, daß es ein andermal besser gehen würde, und hatte so wenig Zuhörer als vorher. Verdrießlich über den schlechten Erfolg seiner Bemühungen, nahm er sich vor, da er das Genie der engelländischen Nation zu kennen anfieng, sein Glück auf eine andere Art auf die Probe zu stellen. Er gab sich mit seinen Freunden Mühe, eine Anzahl gebrechlicher und kranker Musiker ausfindig zu machen, und vereinte solche unter dem Titel einer Académie des Invalides unter seiner Direction. Er ließ einen Anschlag drucken, worinnen er die erste Oefnung seiner Akademie ankündigte, und bekannt machte, daß heute von zwey Bucklichten ein Violinduett, und von einem Kropfhalse, einer Großnase und einem Tollfuß ein Trio gemacht werden würde. Ein andermal kündigte er an, daß von einem Krummbeinigen, einer Hasenscharte, einem Zwerge, und einem Paußbacken ein Quattuor. executiret werden

werden würde, u. s. w. Der Einfall des schlauen Italieners hatte den glänzendesten Erfolg, und der Concertsaal war allezeit für die Menge der Zuhörer zu klein. Nachdem derselbe eine Zeitlang seine Farce auf diese Art gespielet hatte, gieng er mit ansehnlichen Wechselbriefen in der Tasche, nach Italien zurück, und lachte über die bizarre Laune der Engelländer.

(IV.)

Einige junge Choralisten kamen auf den tollen Einfall, den berühmten Murschhauser*), ihren Director zu ersuchen, einige Hymnen aus dem römischen Antiphonario zur Curiosität in bloßen Octaven, und Quinten mit ihnen zu probiren. Murschhauser, der im Punkt der Harmonie keinen Spaaß verstand, lehnte mit aller Gravität seine Partie ab, mit der Erklärung, daß er nicht Uebung genug hätte mit selbiger fortzukommen. Wollten die Herren sich aber einen Zeitvertreib machen, so möchten sie sich

---

*) Franc. Xaver. Anton Murschhauser, ein Schüler von dem kunstreichen Caspar Kerl, war Musikdirector zu München.

sich zu einem dortigen Müller verfügen, der in seiner Stallacademie einige langöhrichte Sänger hätte, die gewiß mit ihnen Chorus machen und Quinten und Octaven singen würden.

(V.)

Auf die Frage: Ob die Eifersucht, oder Unwissenheit, oder der Nationalstolz dem vortreflichen Gluck zu Paris so viele Pamphlets zugezogen habe, antwortete ein Engelländer, daß ihn alle diese drey Furien verfolgt hätten, und daß bey den Musikern die Eifersucht, bey den Dichtern die Unwissenheit in der Musik, und bey beyden der Nationalstolz daran Schuld wäre. Wir lassen dieses ununtersuchet, und fügen eine von den artigsten wider ihn bekannt gewordenen Ineptien hierbey:

Gluck à la fin s'est fait connoitre;
Et par son Opéra nouveau
Il vient de faire un coup de maitre
Que n'eut jamais tenté Rameau.
C'est plus qu'il n'osoit se promettre,
Quoiqu'il soit tant soit peu Gascon;
Car il a trouvé l'art de mettre
Tous les siflets à l'unisson.

(VI.)

(VI.)

Man hat den Musikern zwar mehrmalen vorgeworfen, daß sie gerne trinken, obzwar nicht alle, die gerne trinken, Musiker sind; imgleichen daß sie gerne was gutes essen, eine Eigenschaft, die sie mit den Poeten und andern Künstlern gemein haben. Aber selten hat man bemerket, daß sie zu viel essen. Indessen wie keine Regel ohne Ausnahme ist, so auch hier. Ein gewisser Musiker, der sehr witzig, aufgeräumt, und gesprächig war, wurde dieser Eigenschaften wegen sehr oft, und manchen Tag an zwey und mehrern Oertern zugleich, zu Gaste gebeten. Damit er nun von allen Einladungen profitiren möchte, so bat er sich bey dem einen aus, daß man puncto 12 essen möchte; bey dem andern um 1, und bey dem dritten um 2 Uhr. Solchergestalt gieng keine Mahlzeit für ihn verlohren, und er schien sich bey dieser Halsarbeit recht wohl zu befinden.

(VII.)

Die berühmte Madem. Lemaure war in den zwanzigern und dreyßigern dieses Jahrhunderts die Zierde der pariser Oper,
und

und ohne eine Note zu kennen, die größte Sängerinn von Frankreich. Als selbige das Theater verließ, und sich hierdurch wieder mit der Kirche versöhnte, so geschah es einsmals, daß ihr im Beichtstuhl, von einem eyfrigen Capuciner ihre vorige Lebensart etwas scharf zu Gemüthe geführet ward. Sie fieng an nachdenkend hierüber zu werden, und würde vielleicht das Opfer einer heiligen Schwermuth geworden seyn, wenn sie sich nicht auf Zureden einer klugen Freundin entschloßen hätte, sich der Direction eines Vaters aus der Gesellschaft Jesu zu unterwerfen. Derselbe sahe die Nothwendigkeit ein, aus einem menschlichern Ton mit ihr zu sprechen, und in kurzer Zeit ward ihre völlige Heiterkeit wieder hergestellet. Er versprach ihr nicht allein, einen der ersten Plätze unter den glücklichen Seelen jener Welt, sondern machte ihr annoch auf ihr Verlangen, worinnen die Vergnügungen derselben bestehen würden, einen kurzen Abriß davon. „Da giebt es nichts,„ sagte der Pater, „als glänzende Fêten, göttliche „Soupers, prächtige Palläste, die reich= „sten Kleidungsstücke, Promenaden unter „Bergamotten= und Pomeranzenbäumen, „wohlriechende Seen, in welchen sich alle „Bewohner und Bewohnerinnen des O=
„lymps,

„lymps, ohne Unterſcheid des Geſchlechts,
„untereinander baden; Comödien, in wel-
„chen die Seraphs die Hauptrollen machen;
„Opern, die unter der Direction des Apollo
„und der neun Muſen ſelber, von den
„wohlgebildeſten Caſtraten, in italieniſcher
„Sprache aufgeführet werden, und ſo weiter.
„Indeſſen," fügte der Mann Gottes mit lei-
ſer Stimme hinzu, „möchte es doch in man-
„chen Stücken ganz anders wie hier ſeyn;
„zum Exempel, darüber kann ich Ihnen,
„meine geliebte Tochter, keine Gewähr lei-
„ſten, daß es dort deutſche Prinzen giebt,
„die einer Operiſtinn *) die Gunſt einer
„Nacht

---

*) Dieſe Begebenheit wird mit Gewißheit auf
die Rechnung der Mademoiſelle Lemaure geſetzt. — Uebrigens iſt das Bild der ewigen
Glückſeeligkeiten vollkommen in dem Sinne
Mahomeds, und der Väter von der Geſellſchaft Jeſu, wie in Abſicht auf den letzten
Punkt aus einem Werke des Pater Henriquez
ſur l'Occupation des Saints dans le ciel erhellet,
worinnen geſagt wird: qu'il y aura un ſouverain
plaiſir à baiſe. & embraſſer les corps des Bienheu-
reux; qu'on ſe baignera à la vue les uns des autres; qu'il y aura pour cela des bains très agréa-
bles, où l'on nagera comme des poiſſons; que les
Anges s'habilleront en femmes & qu'ils paroitront
aux Saints avec des habits de Dames, avec les cheveux friſés, des jupes à vertugadins, & du linge
le plus riche; que les hommes & les femmes ſe
rejoui-

„Nacht mit 40,000 Livres bezahlen, und
„dafür das Prämium der ganzen Schule*)
„erhalten."

(VIII.)

So vortreflich viele Singstücke unserer Vorfahren in Ansehung der harmonischen Structur waren, so unordentlich waren hin und wieder die Texte untergeleget. Sie nahmen auf den Zusammenhang der Worte so wenig Rücksicht, daß sie vielmehr durch diese oder jene contrapunktische Formel oder kurze Imitation veranlaßet, den Sinn derselben alle Augenblicke zerrissen, das Beywort von seinem Hauptwort durch Pausen von vielen Tacten trennten, ungeschickte Wie-

rejouiront avec des mascarades, des festins & des ballets; que les femmes chanteront plus agréablement que les hommes, afin que le plaisir soit plus grand; qu'elles ressusciteront avec des cheveux plus longs, & qu'elles se pareront avec des rubans & des coeffures, comme on fait dans le monde; *que les gens mariés se baiseront comme en cette vie,* & caresseront leurs petits mignons d'enfants; ce qui sera avec un grand plaisir. — *Voyez le I volume de la Morale pratique*, pag. 274, &c.

*) Im französischen steht *la vérole*.

Wiederhohlungen machten, und hiernächst auf die ungeschicktesten Vocalen lange Dehnungen setzten. Von solchem Schlage war ohne Zweifel der Componist, von welchem in der zweyten Hälfte des vorigen Jahrhunderts, in der Churfürstlichen Capelle zu Dresden, eine Arie über die Worte Paulus an den Timotheus: ich habe einen guten Kampf gekämpfet, gesungen ward. Er hatte sich nicht begnüget, die Sylbe gu in guten hin und wieder zu dehnen. Er ließ annoch den unvollständigen Satz: ich habe einen, ich habe einen guten, sehr vielmal hintereinander wiederhohlen, welches eine alte Hofdame dergestalt unwillig machte, daß sie plötzlich zum Tempel hinaus gieng. Wohin so eilig? rief ihr ein Hofjunker nach. „Ey! beym Kuckuk," antwortete die Alte, „wer kann die Prah-„lerey des Windbeutels länger mit anhö-„ren?" Der Sänger war Francesco Santi, ein Castrat, der so gut deutsch, als italienisch und lateinisch sang. —

Indem ich diesen Artikel schließe, öfne ich das fünfte Stück des grauen Ungeheuers vom Jahre 1785, und ersehe, daß es annoch im Jahre 1785 musikalische Incongruitäten von voriger Art gegeben hat.

Die

Die Stadt Isni oder Ysni *), die wie das ehemalige Sparta alle Neuerungen verabscheuet, und behauptet, die originellste und rechtgläubigste Kirchenmusik von der ganzen lutherschen Christenheit zu haben, besitzet einen Jahrgang, in welchem unter andern ein Duett von D. Luthern **) über die Worte: Ich habe einen guten Kampf gekämpfet, mit dem Gegensatze: Es ist ein elend jämmerlich Ding um aller Menschen Leben, vorkömmt. Der ungenannte Correspondent des Herrn Wekhrlin ist so glücklich gewesen, der Ausführung dieses Duetts in der dortigen lutherschen Kirche bey der Beerdigung einer vornehmen

*) Ist eine von den 31. Reichsstädten in Schwaben, und liegt zwischen der Grafschaft Waldburg und der Herrschaft Eglof.

**) Der ehrliche Mann hat entweder keine arge Gedanken dabey gehabt, oder das Stückchen annoch in seinem Kloster gemacht, um sich mit seinen eingekerkerten Brüdern inter pocula zu belustigen. Ich halte es indessen eher für das Product eines seiner besten Freunde, des churfürstl. Bayerschen Capellmeisters Senfelius, von welchem er sich nicht allein über die horazischen Worte: Non omnis moriar &c. eine Motette, sondern auch verschiedne andere Texte componiren ließ. Luther liebte wohl Musik; aber daß er den doppelten Contrapunkt sollte verstanden haben, davon findet man nirgends Nachricht.

nehmen Dame daselbst, beyzuwohnen und so entzückt davon geworden, daß er diesen Spaaß dem delicieusesten Puppenspiel gleich schätzet. Die Sänger waren der Schulmeister und dessen Eheliebste. Indem, sagt unser Auctor, sich der Schulmeister mit unnachahmlicher Selbstgefälligkeit auf dem Wörtchen guten herumdrehet, und immer wiederhohlet: ich habe einen guten, einen guten, so unterbricht ihn die Frau Schulmeisterin mit einer schalkhaften Mine und der Protestation: es ist ein elend jämmerlich Ding, ein elend Ding, ein jämmerlich Ding. Die in der Kirche versammelten Andächtigen der Stadt, verzogen vor frommer Entzückung keine Mine bey dieser heiligen Posse, und saßen da so steif, wie indianische Pagodendiener, welchen von einem Pater der Gesellschaft Jesu eine Bußpredigt gehalten wird. Glückliche Sterblichen, die nicht das Lächerliche solcher heiligen Zweydeutigkeiten empfinden, und die uns die Möglichkeit eines Standes der Unschuld intuitiv zu machen vermögen!

(IX.)

Als der geschickte Mechaniker Hohlfeld zu Berlin, welcher unter andern auch durch

durch die Erfindung eines Bogenflügels bekannt geworden, mit der Verbesserung seiner Fantasirmaschine umgieng, kamen zwey Organisten zu ihm, und baten sich die Erlaubniß aus solche zu probiren. Nachdem sie eine Zeitlang wechselsweise darauf fantasiret hatten, waren sie neugierig den Abdruck ihrer Ideen auf dem abgerollten Papier zu lesen. Sie lasen, stutzten, schüttelten den Kopf, und keiner wollte sich zu seinem Machwerk bekennen. Einer lachte über den andern.

(X.)

Ein Virtuose reisete, und kam in eine Stadt, wo sich ein sehr geschickter Organist befand, in dessen Kirche zwey Orgeln waren, eine größre und eine kleinere. Er machte mit ihm Bekanntschaft, und sie wurden beyde einig, zu ihrem Vergnügen auf den beyden Orgeln einander zu verführen, (das ist das Schulwort,) und in allerley Arten von Fantasien, Duetten, Trios und Quattuors, fugirt und unfugirt, abwechselnd ihre Kräfte zu versuchen. Der Wettstreit wurde eine Zeitlang mit ziemlich gleichen Kräften fortgesetzet; mit der Harmonie, mit
welcher

welcher der eine auf seiner Orgel absetzte, fieng der andere auf der seinigen wieder an, und führte das harmonische Gewebe fort. Der folgende Spieler vollendete den unvollkommen gelaßnen Rhytmus des vorhergehenden, und es schien, als ob die vier Hände und die vier Füße von einem und ebendemselben Kopfe geleitet würden. Nach und nach fieng der fremde Virtuose an, die versteckern Künste des Contrapunkts und der Modulation zu Hülfe zu nehmen. Er bediente sich der Augmentation und Diminution gewisser Säze, vereinbarte mehrere Subjecte, versetzte sie in die Gegenbewegung, brachte ein allastretta an, und fiel mit einmal in die allerentferntste Tonart. Der Organist des Orts merkte was der andre machte; er suchte ihn nachzuahmen, und es entstanden harmonische Lücken; er fieng an zu suchen, stolperte und ward von dem Reisenden redreßirt, aber in neue Irrwege geleitet, aus welchen er sich schlechterdings nicht herauswinden konnte. Er stand also von seinem Griffbrett auf, lief zu seinem Gegner, dem er den Kampfpreis zuerkennete; ersuchte ihn, sein künstliches Orgelspielen so lange allein fortzusetzen als es ihm beliebte, bewunderte und umarmte ihn, und sagte zu ihm, daß er entweder Sebastian Bach,

Bach, oder ein Engel vom Himmel seyn müßte. — In der That war es Sebastian Bach, mit welchem der Organist sich nicht gemessen haben würde, wenn er ihn gekannt hätte.

(XI.)

Von dem blinden Leyermann Homer bis auf den blinden Violinisten Pudon *) in Berlin, hat es zu allen Zeiten Musiker gegeben, die es ohne Hülfe der Augen zu einem hohen Grade der Geschicklichkeit in ihrer Kunst gebracht haben. In London ward ehedessen ein Organist Stanley, in Frankreich zu Meaux ein Organist Bibault, in Magdeburg ein Organist Jacobi, in Berlin ein auf allen Instrumenten geübter Baron von Erlach, und in Paris ein Mandolinist und Geiger Fritzieri, ein jeder als ein in seinem Fache geschickter Tonkünstler bewundert, und ein junger Mensch, Nahmens Dulon **) aus Stendal in der Altmark

*) Der Herr Pudon, ein Franzose aus Berlin, der sechs Wochen nach seiner Geburt blind geworden, spielet sowohl die Violine als das Clavier, und componirt sehr gut.
**) Ein mehrers von ihm sehe man in des gelehrten und um die Musik sehr verdienten Herrn Pre-

mark gebürtig, französischer Abkunft, hat sich vor einiger Zeit sowohl in Berlin als Hamburg, und in andern großen Städten, mit dem größten Beyfall in öffentlichen Concerten auf der Flöte hören laßen. Annoch ist die blinde Fräulein von Paradieß in Wien als eine unvergleichliche Virtuosin auf dem Clavier, und der blinde Organist in Amsterdam, Hr. Pothof als ein großer Künstler bekannt. Was würden diese Musiker in ihrer Kunst geleistet haben, wenn sie den Gebrauch der Augen zu genießen das Glück gehabt hätten, es wäre denn, daß vielleicht alsdenn ihr Gehör und Gefühl nicht so fein von der Natur wären bearbeitet worden, wenn es wahr ist, daß bey dem Mangel eines Sinnes die übrigen desto kräftiger sind. — Ohne Zweifel mußte das sogenannte Concert der vier Blinden, welches vielleicht noch in Bologna existiret, nicht unter die schlechten Concerte dieser Stadt gehören, weil es vom Jomelli selbst, und vielen andern Kennern und Liebhabern mit Vergnügen besuchet ward. Zwey derselben spielten die Violine, einer die Altoviola, und der vierte das Violoncell. Sie hatten einige gute Freunde an der Hand,

von

Professor Cramers Magazin der Musik, Monat Januar, 1783. Seite 152.

von welchen sie sich die neuesten und gefälligsten Stücke einigemal vorspielen ließen. Jeder behielte seine Partie im Kopfe, und ihre Execution übertraf bey weitem die ihrer Vorspieler. Sie führten aber nicht allein Instrumental- sondern auch Vocalsachen aus, Messen, Vespern, Hymnen, Sequenzen u. s. w. und begleiteten alsdenn ihren Gesang mit ihren Instrumenten, zu welchen sie sich nicht allezeit des Bogens, sondern öfters zur Veränderung der Art des Klangs, kleiner Schwangruthen bedienten. Man pflegte diese vier blinden Musiker gli bravi orbi, und den Violoncellisten besonders spacca nota im Scherze zu benennen.

(XII.)

Leonhard Vinci und Nicol. Porpora, zwey zu ihrer Zeit berühmte italienische Componisten, hatten einsmals in Rom, in eben demselben Carneval, jeder zwey neue Opern von ihrer Arbeit aufzuführen. Jeder von ihnen hatte sein eigenes Theater; jeder hatte seine besondere Gesellschaft guter Sänger; jeder hatte auch seine Anhänger; jeder war über den andern eyfersüchtig; jeder hatte sein eigenes Caffehaus, wo er mit seinen
Freun-

Freunden zusammen kam, um seiner Galle wider den andern von Zeit zu Zeit Luft zu machen. Die erste Oper eines jeden fand Beyfall. Die zweyte des Porpora sollte einige Tage eher aufgeführet werden, als die zweyte vom Vinci. Die Anhänger des Porpora gaben sich besonders Mühe, die Vorzüge seiner zweyten vor der ersten auszuposaunen, und hatten bey den Liebhabern der Musik eine große Erwartung erreget. Nunmehr fürchtete Vinci mit seiner neuen, weil sie zumal einige Tage später zum Vorschein kommen sollte, unterzuliegen. Er bildete sich ein, daß seines Nebenbuhlers Arbeit der seinigen allen Beyfall voraus wegnehmen würde. Kein Zureden seiner Freunde half. Er sann auf Mittel, den guten Fortgang der andern zu hindern. Bald wollte er 150 Einlaßbillette von dem Theater des Porpora kaufen, und dieselben an so viele von seinen Freunden austheilen, welche denn in der Hauptprobe dieser Oper pfeifen und Lärm anfangen sollten. Allein dazu hatte er nicht Geld genug. Bald fiel ihm ein anderer Anschlag ein, welcher aber eben so wenig thunlich war. Man beliebe zu merken, daß in Rom der gute oder schlechte Erfolg der Hauptprobe einer Oper, als bey welcher man mit der größten Aufmerksamkeit zuhöret und prüfet, sehr viel von dem ganzen Schicksale der ganzen Oper entscheidet. Was war also zu thun? Der gute Vinci wollte verzweifeln, und erwartete das Schicksal seiner neuen Oper mit Zittern, in der gewissen Furcht, daß sie zu Grunde gehen würde. — Es befand sich unter Vincis Sängern ein Castrat, Nahmens Gaetan Bärenstadt, welcher vom Singen eben nicht viel Werks machte, aber dagegen sich desto mehr aufs Studiren gelegt, und sich dadurch in vielen vornehmen Häusern beliebt gemacht hatte. Dieser begnügte sich gemeiniglich in den Opern, worinn er agirte, mit der letzten Rolle. Porpora hatte, zu seinem Unglück, etwann einmal was übels von ihm gesprochen. Der gegenwärtige Vorfall schien also Bärenstadten eine bequeme Gelegenheit anzubieten, sich am Porpora zu rächen, und dem Vinci zugleich damit aus der Noth zu helfen. Er sprach also dem Vinci guten Muth ein, und bat ihn sich nur auf ihn zu verlaßen. — Darauf nahm er etliche Pfunde von dem trockensten und feinsten spanischen Schnupftaback, der nur zu bekommen war, und füllte damit viele kleine papierne Röhrchen an, in welchen er unten und oben eine kleine Oefnung ließ. Mit diesem bewafnet begab

gab er sich, in einer ganz unkenntlichen Kleidung, in den Schauplatz, wo des Porpora Oper zum letztenmal probiret werden sollte. Daselbst miethete er in der obersten Reihe eine eigene Loge für sich allein, und hielte sich darinnen so versteckt als möglich war. Als nun, bey einer sehr zahlreichen Versammlung, die Hauptprobe anfieng, und die Freunde des Porpora nicht ermangelten, ihren Beyfall und ihre Bewunderung so oft und so laut als sie nur immer konnten, zu verstehen zu geben, fieng Bärenstadt auch an, aus einem paar von seinen Röhren den Taback so stark als möglich herauszublasen. Der Taback breitete sich sogleich weit über das Parterre aus, und fiel nach und nach auf die untenstehenden Zuhörer. Man wurde es bald gewahr, und fieng an in die Höhe zu sehen, um den Ursprung dieses so ungewöhnlichen Regens ausfindig zu machen. Doch nunmehr bemeisterte sich der herabfallende Taback auch der in die Höhe gerichteten Nasen, und jedermann fieng an zu niesen. Bärenstadt säumte indessen nicht, immer mehrere von seinen Tabackspatronen abzufeuern. Je mehr man also in die Höhe sah, je allgemeiner wurde das Niesen, und das Geräusch über diese seltsame Begebenheit. Das Geschrey der Damen, welche ihre

ihre Kleider und Spitzen beklagten, fieng an die Stimme der Sänger zu übertäuben, und endlich suchte jedermann je eher je lieber aus dem Schauplatze herauszukommen, so daß beym Ende des ersten Acts kein Zuhörer mehr zu sehen war. Weil man nun die Probe nicht ruhig hatte aushören und untersuchen können, so bekam auch, wie in Rom gewöhnlich ist, die Oper des armen Porpora einen gewaltigen Stoß, und desto mehr Beyfall erhielte dagegen die zweyte Oper des Vinci.

Denkwürdigkeiten

einiger

Musikheiligen.

Sechstes Dutzend.

Sechstes Dutzend
der
musikalischen Denkwürdigkeiten.

(I.)

Die berühmtesten musikalischen Scribenten des XVIten Jahrhunderts, in dessen erstern Hälfte Josquin (Jossien de Prés) sich hauptsächlich hervorgethan, stimmen alle darinnen überein, daß er der größte Componist seiner Zeit gewesen. Was sonst unter viele getheilt zu seyn pfleget, Natur, Kunst, Fleiß, alles dieses war in ihm beysammen. Glarean, sein beständiger Panegyrist, findet nichts anders an ihm auszusetzen, als daß er mit den XII alten Tonarten öfters etwas zu frey gewirthschaftet habe; (vermuthlich sahe er ihre Unvollkommenheit besser ein als jemand zu seiner Zeit;) daß er seinem Genie gar zu sehr den Zügel schießen lassen, und daß ihm bey vielen Werken ein bloßer Stolz, um seine Einsichten zu zeigen,

die

die Feder geführet, (z. E. in der Messe L'homme armé) bey andern die Streitsucht, als in der Messe de beata virgine, und bey andern die Spötterey, als in der Messe La sol fa re mi. Diese letztere componirte er, um sich über einen gewissen Großen aufzuhalten, der ihm eine Präbende versprochen hatte, und wenn er an die Erfüllung seines Versprechens erinnert ward, ihm auf alt französisch die Antwort gab: Laissez faire moi. Da Josquin mit den Musen bekannter war, als mit den Schätzen des Plutus, wenigstens zur Zeit als er sich in Italien aufhielte, so pflegte er sich öfters gegen seine Freunde über sein widriges Schicksal zu beklagen, besonders gegen den Serafino Aquilano, einen vornehmen Liebhaber der Dicht= und Tonkunst. Dieses bewog den letzten, ihm eines Tages folgendes von dem Zarlino uns aufbehaltene Sonnet zuzuschicken, um ihn einigermaßen aufzurichten:

Giosquin, non dir' che'l cielo sia crudo
                & empio.
Che t'adornò de sì sublime ingegno;
E s'alcun veste ben, lascia lo sdegno;
Che di ciò gode alcun buffone o
                scempio.

Da

Da quel ch'io ti dirò prendi l'essempio.
L'argento e l'or, che da se stess' è degno,
Si mostra nudo, e sol si veste il legno,
Quando s'adorna alcun teatro ò tempio.

Il favor di costor vien presto manco,
E mille volte il dì, sia pur giocondo,
Si muta il stato lor di nero in bianco.

Mà chi ha virtù, gira à suo modo il mondo,
Com' Uom che nuota ed ha la zucca al
fianco,
Metti' l sott' aqua pur, non teme il
fondo.

(II.)

Einige Musiker zu Paris, Vocalisten und Instrumentalisten, Setzer und Ausführer, wurden unter sich eins, sich alle Sonnabend in einem gewissen Hôtel zu versammeln, um ihre Arbeiten zu probiren, sich untereinander zu beurtheilen, und hernach ein fröhliches Abendbrodt zu genießen. Unter selbigen zeichneten sich besonders aus, ein Vicarius von der heiligen Capelle, und ein Clavierist, sowohl durch ihre mannigfaltige Arbeiten, als durch ihre scharfe Beurtheilungskraft, und da beyde im großen Jesuiter=

tercollegio studiret hatten, so hatten sie auch etwas in der Litteratur gethan, welches zum Anfang dieses Jahrhunders nicht selten unter den Musikern war. Als der Clavierist (Mr. Dubois) einmal einige Characterstücke, und darunter einen Ruckuck aus seiner musikalischen Brieftasche hervorlangte, so machte sich der Vicarius verzweifelt lustig über diesen Kuckuck. Dubois schien alles gelassen zu verschnupfen; nahm sich aber vor, sich in der nächsten Versammlung an dem Vicarius zu rächen. Er, der so gut an der Tafel als am Musikpulte, alles was daselbst paßirte zu beobachten pflegte, hatte bemerket, daß wenn bey dem Abendschmause ein Gericht gefüllter Gurken zu Tische gebracht ward, der Vicarius sofort beyde Hände darnach auszustrecken pflegte, und für die übrigen Conviven oft sehr wenig in der Schüssel ließ; wogegen aber er sich wenig aus Fischen machte, und wenn es auch Austern oder Muscheln waren. Da nun der Vicarius in dem Geruch des antiphysischen Geschmacks stand, so entlehnte der Clavierist von dessen Begierde nach Gurken seinen Stoff, um ihm wegen seines unordentlichen Appetits in Absicht auf den andern Punkt eins auf die Finger zu geben. Er componirte zu dem Ende einen Canon,

unter

unter welchen er einen darauf anspielenden lateinischen Text legte; begieng aber die Unvorsichtigkeit, daß er solchen vor der Zeit einigen guten Freunden zeigte, durch deren einen der Vicarius erfuhr, was Dubois wider ihn im Schilde führte. Derselbe säumte nicht, sich zur nöthigen Gegenwehr zu bereiten, war aber so listig, daß er keinem etwas davon entdeckte. Nachdem sich am nächsten Sonnabend, nach vollbrachten musikalischen Uebungen, die Gesellschaft durch allerhand Discurse bey der Tafel erlustiget hatte, so fieng beym Desert jemand an, einen bekannten Rundgesang anzustimmen. Dieses gab Gelegenheit zu mehrern und lustigern, nach dem Maaße als der schäumende Champagner die Söhne des Apolls zu begeistern anfieng. Da Dubois glaubte, daß die Gesellschaft in solcher Disposition wäre, als er sie zu haben wünschte, so zog er seinen Canon aus der Tasche, vertheilte die Stimmen, und sofort erschallte der Saal von

>   *Vi*carius noster,
>   *Co*nchas dedignans,
>   *Cu*cumeres appetit,
>   *Fi*mum olentes.

Die

Die studirten Musiker merkten sogleich, wohin der Componist zielte. Andere ließen sich den Text erklären, und alle applaudirten mit einem muthwilligen Gelächter, welches durch die mit den Sylben vi - con - cu - fi sehr emphatisch nach einander eintretenden Stimmen natürlicher Weise vergrößert ward. Dubois glaubte schon gesiegt zu haben, als der Vicarius der Gesellschaft mit ganz kaltem Blut vorstellte, daß man auch die andere Partey hören müßte. Ich habe, sagte er, in meiner Tasche einen Pendant zu dem vorigen Canon. Dürfte ich bitten, meine Herren — — — ? Die Wörter des Canons waren:

> *Mordacem cantum,*
> *Ociosa volucris,*
> *Cucule, cessa!*
> *Philomela adest.*

Man merkte, daß auf den vor acht Tagen kritisirten Kuckuck angespielet ward; daß der Vicarius einem andern in [der Gesellschaft befindlichen Clavieristen, der eine Nachtigall (Philomela) vor einiger Zeit producitet hatte, ein Compliment machen wollte, und die bey ihrem Eintritt gegen einander contrastirenden Stimmen, die den Sinn *mord'au cu, fi!* formirten, brachte die Gesellschaft

sellschaft zu einem solchen convulsivischen Lachen, den überraschten Dubois ausgenommen, daß sie beym Auseinandergehen ihre Stöcke und Hüte nicht finden konnten. Die Noten der beyden Canons findet man am Ende dieses Werks.

Der ehemalige chursächsische Capellmeister Bontempi hat uns in seiner Geschichte der Musik Seite 108 und 109 einen Contrapunkt mitgetheilet, der auf das Gezwitscher dreyer Vögel gebauet ist, von welchen der eine singet: pigliali, pigliali, pigliali; der andere non son qui, non son qui, non son qui; und der dritte cu, cu; cu, cu; cu, cu. Dieses waren Schnurren unserer Alten. Wir haben die unsrigen, worüber man erst in der Folge der Zeit lachen wird.

(III.)

Ein Abbé, der die Gabe hatte, über die ästhetische Beschäffenheit eines Tonstücks mit vieler Eleganz zu sprechen, faßte eines Tages, da er von einigen Freunden über seine gelehrte Gedanken sehr applaudiret worden war, den stolzen Entschluß sie zu Papier zu bringen, und nebst einem angemessenen Exempel von seiner Composition, wozu er das Tantum ergo Sacramentum wählte,

wählte, durch den Druck zu verewigen. Er verfügte sich mit dem gelehrten Manuscript und der musikalischen Partitur in der Tasche, zum Capellmeister Josquin, entdeckte ihm sein Vorhaben, und erwartete ein großes Compliment von ihm. Josquin, der, wie ein Sebastian Bach seiner Zeit, nicht Tag und Wochen gebrauchte, um Anlaß zu Bemerkungen zu finden, blätterte einige Minuten in beyden Aufsätzen hin und wieder, gab sie dem Autor mit aller Höflichkeit zurück, und fragte: welches Werk von beyden, das theoretische oder praktische, er zu publiciren gemeinet wäre? Sollte seine Wahl das Tantum ergo treffen, so riethe er ihm die Dissertation zu unterdrücken. Wollte er aber diese herausgeben, so möchte er das Tantum ergo weglassen.

(IV.)

Ein Banquier in Berlin, der berühmte Godskowsky hatte in seinem Gartenhause, welches anitzo der Königlich Yorkischen Loge zur Freundschaft gehöret, ein Concert veranstaltet, zu welchem der damals annoch als Königl. Kammermusikus in Berlin stehende Herr Georg Benda, nachheriger Herzogl. Sachsen-Gothaischer Capellmeister,

meister, ein Mann, den bey seiner Geburt die Grazien und Musen nach der Reihe küßten, und ihn zu ihren hohen Geheimnissen einweyheten, nebst den Graunen und Bachen eingeladen ward. Der Herr Benda erschien nicht, und da der Herr Banquier noch einmal zu ihm schickte, und ihn dringend ersuchen ließ, seine Ankunft zu beschleunigen, so antwortete er, daß er sich schon vor einer Stunde an der Gartenthüre präsentiret hätte, aber keiner gekommen wäre um ihm selbige zu öfnen. Indessen wollte er sich noch einmal auf den Weg machen und sogleich erscheinen. Der Bediente brachte die Antwort dem Herrn Godskowsky zurück, der weil er wußte, daß der beständig arbeitsame, und in die tiefsten musikalischen Betrachtungen versenkte Geist des Herrn Benda manchesmal einigen Zerstreuungen unterworfen war, sich ans Fenster begab und aufs Lauern legte. Er bemerkte, daß der Herr Benda zwar kam, aber mit starken Schritten auf die Thüre der dem Garten gegen über gelegenen Kirche losgieng, und mit aller Gewalt an selbige anpochte. Um den Herrn Benda nicht noch einmal zu verlieren, stürzte der Banquier nebst dem schmunzelnden Herrn Emanuel Bach, in voller Eil aus dem Garten heraus;

demon=

demonstrirten ihm, daß der Garten nicht in der Kirche, sondern gerade gegen über läge, und complimentirten den über seine Zerstreuungen sich mit verwundernden Herrn Georg Benda in den Garten hinein.

(V.)

Ebenderselbe hat allezeit die Gewohnheit gehabt, wenn er die Schäferstunde seiner Muse fühlte, Essen und Trinken zu verschieben, um sich seiner Begeisterung zu überlassen. Als ihn diese eines Tages kurz vor der Mittagszeit anwandelte, so ersuchte er seine Gattin, ihm seine Portion in sein Studirzimmer zu schicken. Er ward solche nach etwann einer Stunde gewahr, wunderte sich aber, als er die Hälfte eines Huhns erblickte, und fieng an zu glauben, daß er schon die eine Hälfte davon genossen hätte. „Nein, „nein, rief er aus, indem er mit der „einen Hand seinen Magen berührte: zuviel „ist zuviel. Du Magen, hast schon ein „halbes Huhn geschmauset, und willst noch „ein halbes schmausen. Wir wollen lieber „fortfahren zu componiren."

(VI.)

(VI.)

Die Herzoginn von Sachsen Gotha bekam ein neues Fortepiano, und ließ ihren Capellmeister, den Herrn Georg Benda rufen, um solches zu probiren. Als er einige Minuten lang gespielet hatte, sprang er hastig vom Stuhle auf, und stellte sich in eine Ecke des Zimmers. „Was machen „Sie denn da für Betrachtungen, mein „lieber Benda?" fragte ihn die Herzoginn nach einer Weile. „Gnädigste Herzoginn, „antwortete Benda, ich wollte gerne hören, „wie sich das Instrument von ferne aus„nimmt."

(VII.)

Derselbe verlohr seine Gattin und setzte sich vors Clavier, um den Musen sein Leid zu klagen. Mittlerweile fiel ihm ein, daß die Etiquette es erforderte, die ihm zugestoßene schmerzhafte Begebenheit seinen Freunden und Bekannten melden zu laßen. Weil er aber niemals ohne den Rath und die Genehmigung seiner Gattinn etwas zu thun pflegte, so eilte er um ihr sein Vorhaben zu entdecken. „Was meinst du, mein Kind, „fieng er an zu fragen, ob ich ——?"

Hier fiel ihm der entseelte Körper der Seeligen ins Gesicht. Er schauderte voller Verwirrung zum Clavier zurück, und fuhr fort, die traurigsten Töne, die jemals möglich waren, aus den mitklagenden Sayten herauszuziehen. —

Zum Beweis, daß die Musiker nicht die einzigen sind, die Zerstreuungen haben können, füge ich einige Exempel aus andern Ständen hinzu.

Mylord Stanhope, Königl. Großbrittannischer Staatssecretär zur Zeit Georg des Isten, speisete einen Abend bey einer Dame zu London, und fieng, als die Tafel etwas lange dauerte, mit einmal so zerstreut zu werden an, daß er plötzlich von der Tafel aufstand, die Hausdame in ihr Schlafzimmer führte, und während er die Perücke abnahm, zu ihr sagte: *Allons nous coucher, Madame*. Jedoch als diese versetzte: Mylord, *vous n'êtez pas chez vous*, so kam er wieder zu sich selbst und fuhr nach Hause.

Als der Cardinal Dubois einst aus dem Cabinet des Herzogs von Orleans, Regenten von Frankreich kam, und sich nach dem Speisesaal verfügte, so erkühnte sich sein Haushofmeister ihm einzubilden, daß er schon gespeiset hätte, worauf sich Se. Eminenz

nenz, ohne weiter an essen und trinken zu denken, ins Geschäftzimmer begaben.

Der Kayserliche Geheime Rath von Strattmann war stets so voller Gedanken, daß er einmal in der kaiserlichen Antichambre drey Hüte über einander aufsetzte, und annoch nach seinem Hute fragte.

Ein gewisser Appellationsrath zu S ·· gerieth, bey Durchlesung einiger Acten, in so tiefe Gedanken, daß, als er solche auf die Seite legte, er seinen Hut mit einpackte; und es wurde der Hut nicht ehe wieder gefunden, als lange Zeit nachher da die Acten wieder nachgeschlagen wurden.

Der ungenannte Verfasser der Nouveautés dediées à gens de différens Etats, depuis la charrue jusqu'au sceptre, erzählt von sich selber, daß, da er einsmals in der Auflösung eines algebraischen Problems vertieft gewesen, und währender Zeit es etwas dunkel in der Stube geworden, weil die Sonne sich hinter einer Wolke verstecket, er sich eingebildet habe, daß es schon Nacht wäre, und die Dunkelheit von dem nicht geschneuzten Lichte herrührte, weswegen er aus seinem Studirzimmer herausgegangen, um eine Lichtputze zu hohlen; mittlerweile aber sey es wieder helle geworden, und er habe seinen Irrthum eingesehen.

Von dem Grafen von Brancas ist bekannt, daß, nachdem er sich des Morgens mit seiner Braut vertrauen lassen, er sich den Abend nach einem Bade begeben, und nach seiner Gewohnheit bey dem Bader schlafen wollen; daß ihn aber der Kammerdiener erinnert habe, wie seine Dame ihn auf ihrem Zimmer erwartete, worauf er zwar zuvörderst stutzig geworden, sich hernach aber der geschehenen Vertrauung erinnert habe.

Als eben derselbe Graf nach einer Kirche gieng, so begegnete ihm der Herr de la Rochefaucault und redete ihn an. — „Gott helf euch! antworte der Herr Graf von Brancas. Jener fieng darüber laut zu lachen an, und fuhr fort mit ihm zu reden. „Gott helf euch!" antwortete dieser zum zweytenmal. „Es ist wahrlich nicht erlaubt, daß man von solchen liederlichen Kerlen so belästiget wird." — Der Herr von Rochefaucault fieng noch heftiger zu lachen an, bis endlich der Herr Graf seinen Irrthum inne ward, und um Vergebung bat.

Ich weiß nicht, ob man nicht auch den großen Rechtsgelehrten Matth. Wesenbeck unter die Zerstreueten rechnen darf. Wenigstens mußte ihn seine gelehrte Frau dafür halten,

halten, indem sie ihn einmal um späte Mitternacht von den Büchern, worüber er saß, mit den Worten abrief: *Si non tu, alius.* Er begriff sich aber geschwinde, und antwortete: *Ego, non alius,* worauf sie sich nach dem Schlafzimmer verfügten.

(VIII.)

Ein junger Gelehrter, der entweder zur Ersparung der Kosten, oder um nicht hypochondrisch zu werden, vor einiger Zeit einen Theil Deutschlands zu Fuß durchwanderte, kam gegen die Mittagszeit in ein Dorf, wo er wenig Trost für seinen Appetit fand. Er erkundigte sich nach dem Dorfherrn, und erfuhr, daß derselbe ein großer Liebhaber der Musik wäre, und auch die junge Herrschaft darinnen unterweisen ließe. Er verfügte sich sofort nach dem adelichen Hofe, allwo er den Edelmann selbst an der Thür fand, und denselben ersuchte, da in dem Kruge soviel als nichts zu haben wäre, ihm aus seiner Küche eine kleine Portion gütigst angedeyen zu lassen. — Wer sind Sie? fragte der Edelmann. — Ich bin ein armer Musiker. — Nun so kommen Sie herein,

herein, und essen mit mir. — Nach der Mahlzeit, während welcher der Fremde das ganze adeliche Haus auf solche angenehme Art unterhalten hatte, daß fast der Herr Hofmeister scheel darüber zu sehen anfieng, führte ihn der Edelmann in sein Concertzimmer, und vertheilte unter die vorhandenen Acteurs die Stimmen von einer vierstimmigen Homiliußischen Motette, worinnen der gnädige Herr selbst den Takt mit dem Fuß dirigirte. Sie sangen alle; nur der Fremde schwieg, welches den Edelmann natürlicher Weise wunderte, weswegen er zu ihm sagte: Sie singen ja nicht. — Nein, gnädiger Herr. — Ey warum denn nicht? — Weil ich so viel als nichts davon verstehe. Habe ich Ihnen denn nicht gesagt daß ich ein armer Musiker wäre? — Der Edelmann lachte, und ersuchte den jungen Gelehrten, von welchem er bey Tafel ganz bezaubert worden war, noch einige Tage bey ihm zu bleiben.

(IX.)

(IX.)

Als der berühmte Corelli eines Tages zu Rom etwas von seiner musikalischen Composition vor einer auserlesenen Gesellschaft, in dem Zimmer des Cardinals seines Beschützers, spielte, bemerkte er, mitten im besten Spielen, daß Se. Eminenz sich mit jemanden in eine besondere Unterredung einließen. Er hörte augenblicklich zu spielen auf, und legte sein Instrument mit der besten Art auf die Seite. Der Cardinal, welchem diese ganz unerwartete Pause fremd vorkam, fragte ihn, ob ihn etwa eine Sayte gesprungen wäre. — Nein, gnädiger Herr, ich befürchtete nur ein wichtiges Geschäft zu unterbrechen — Seine Eminenz, welcher nicht unbekannt war, daß ein großer Geist sich niemals zu seinem Vortheile zeigen kann, wenn man ihn nicht der gehörigen Aufmerksamkeit würdiget, endigte sogleich die Unterredung, worauf Corelli wieder die Violine ergriff, und nicht wieder unterbrochen ward. Es wäre nicht übel, wenn man diese Anekdote, wie Harpagon seine goldne Regel der Diät, in allen Musikzimmern anschreiben ließe. Ein alter Dichter sagt:

Excitat

Excitat auditor studium, laudataque
virtus
Crescit, et immensum gloria calcar
habet.

(X.)

Der Herr Abt Vogler, der sehr früh aufzustehen gewohnt ist, um seinen gelehrten musikalischen Beschäftigungen obzuliegen, pflegt alle Nachmittag, um sich wieder zu sammeln und die Geisteskräfte zu erfrischen, ein halbes Stündchen auf einem Ruhestuhl hinzubringen. Als er auf seiner letzten Reise nach Holland von einer Dame zu einem Nachmittagsconcerte eingeladen ward, so lehnte er solches aus der Ursache ab, weil er gewohnt wäre des Nachmittags ein halbes Stündchen zu schlafen, und deßwegen vielleicht zu spät kommen dürfte. Die Dame aber wiederhohlte ihre Einladung, und ließ dem Herrn Abt wissen, wie er auch bey ihr schlafen könnte, und alle mögliche Bequemlichkeit dazu haben würde; worauf der Herr Abt nicht ermangelte zu erscheinen.

(XI.)

(XI.)

Eine französische Nonne, die in ihrem Kloster eine Novitiatin in der Singkunst unterrichtete, bekam eine Motette, worinnen das Wort *conculcauit* vorkam. Dieses Wort schien ihr eine besondere Aufmerksamkeit zu verdienen, und die Art, womit sie selbiges singen lehrte, war folgende:

Là ma mie, chantez bièn. Là tenez moi ce *con* ferme, *con;* là après *cul*, haussez moi ce *cu, cu;* après à ce *ca*, entretenez moi ce *cas;* puis à ce *vit*, là tenez moi ce *vit* bien long.

(XII.)

Der Herr Kirnberger hatte nicht die Feder in der Gewalt und wußte es. Als er sich einmal mit einem musikalischen Scribenten über einige Gegenstände der Kunst besprach, und dieser ihm nicht in allen Punkten Recht gab, so ward er nach seiner Gewohnheit böse, und sprach: „Wenn ich nur „die Feder gebrauchen könnte, wie Sie, „so sollten Sie mir schon Recht geben. Nie„derschreiben wollte ich Sie und alle die „mir widersprechen würden." Da derselbe wegen

wegen dieser ihm fehlenden schriftstellerschen Eigenschaft allezeit zu einem Tagesfreund, wenn er just einen hatte, seine Zuflucht nehmen mußte, so kömmt es daher, daß der Styl in seinen Schriften so verschieden ist, und nicht allein von einem Werke zum andern, sondern in eben demselben Werke von einem Capitel zum andern differiret. Es gieng ihm in diesem Punkt wie in seinen Grundsätzen, in welchen er sich auf ähnliche Art ungleich war. — Das war aber weder Sebastians, noch Friedemanns, auch ist es nicht Emanuels Art. Jedoch dieses verstehen sehr wenige.

Denkwürdigkeiten
einiger
Musikheiligen.

―――

Siebentes Dutzend.

―――――

J

Siebentes Dutzend

der

musikalischen Denkwürdigkeiten.

(I.)

Als Heinrich der IVte, König von Frankreich, bey einer gewissen feyerlichen Gelegenheit, in der Cathedralkirche zu Paris (l'Eglise de notre Dame,) dem Vespergottesdienste beywohnte, bemerkte er, daß zwischen den in seinem Gefolge befindlichen Capellmusikern, und den Cathedralsängern ein heftiger Rangstreit entstanden war, der die Eröfnung des Gottesdienstes behinderte. Er rief seinen Großallmosenier an sich heran, und trug ihm auf den Streit zu entscheiden. Das Urtheil desselben fiel zum Vortheil der Königl. Capelle aus, währender Zeit der Großcantor gegentheils die Rechte der Kirchensänger vertheidigte, und selbigen den Vorrang gab. Der König, welcher der langweiligen Zänkereyen überdrüßig brüßig ward, that den Ausspruch, daß sie alle zusammen singen, die seinigen aber anfangen sollten. Seit dieser Zeit haben die Königl. französischen Capell- und Kammermusiker bey allen Ceremonien, wo sie den König begleiten, den Vorzug vor allen andern, geistlichen und weltlichen Musikern im ganzen Königreich.

(II.)

Herzog Heinrich von Sachsen-Merseburg, mit welchem im Jahre 1738 diese Nebenlinie des Churhauses erlosch, war ein so großer Liebhaber vom Contraviolon, daß wenn jemand ein gutes Instrument dieser Art abzustehen hatte, er sich solches sofort anschaffte. Der Herzog bekam also nach und nach einen so zahlreichen Vorrath von Contraviolons, daß er selbigen ein eigenes Zimmer auf dem Schlosse einräumen ließ. In der Schloßcapelle spielte er die Choräle auf einem kleinen Contraviolon mit. Wenn er sich aber von seiner Residenz nach einem Lustschlosse begab, so mußte ihm allezeit ein gewißer Contraviolon von colossalischer Größe, an welchem er hauptsächlich Vergnügen fand, auf einem Rüstwagen nachgefahren

ren werden. — Als eines Tages die Herzoginn, statt eines gewünschten Prinzen, mit einer Prinzeßinn niederkam, so machte er einige Schwürigkeit das Kind anzunehmen. Man erzählte ihm aber, daß selbiges mit einer kleinen Contrabaßgeige auf die Welt gekommen wäre. Darauf gab er sich zufrieden, und söhnte sich mit seiner Gemahlin aus. (Man sehe des gelehrten Herrn Oberconsistorialraths Büsching Lebensbeschreibung des Herrn Geheimen Raths von Nüßler.)

(III.)

Ein Student in Halle, der etwas auf dem Contraviolon kratzte, hörte vieles von der Prädilection vorgedachten Herzogs für dieses Instrument sprechen, und ließ es sich nicht umsonst gesagt seyn. Er ritte einen guten Morgen nach Merseburg, und ersuchte den Herzog um eine geheime Audienz. Sie wurde ihm gestattet, und der Student gab sich für einen Spanier aus, der einige Jahre unter den päbstlichen Truppen als Officier gedienet hätte, in der Schlacht bey Lützen aber geblieben wäre. Nach der Zeit hätte er sich auf die Musik geleget, den

Contraviolon erfunden und selbigen bey der Oper in Amsterdam eingeführet. Er ersuchte aber Se. Durchlauchtigkeit unterthänigst, diese Nachrichten, die er nicht aller Welt mittheilte, gnädigst bey sich zu behalten. — Erfreut, einen Virtuosen von dieser Wichtigkeit bey sich zu sehen, ermangelte der Herzog nicht, selbigen mit vorzüglicher Achtung zu behandeln. Er verehrte ihm eine kostbare goldne Tabatiere, entdeckte aber seiner Gemahlinn, wer dieser fremde Passagier gewesen, nicht eher als bis derselbe bereits über alle Berge war. Die Herzoginn machte ihrem Gemahl begreiflich, daß ein Mensch, der in der Schlacht bey Lützen geblieben wäre, ja nicht mehr unter den Lebendigen wäre; ferner daß der Fremde, der etwann 21 oder 22 Jahre alt zu seyn geschienen, zur Zeit jener Schlacht noch nicht habe existiren können, u. s. w. und der Herzog merkte, daß er von einem Gauner war angeführet worden. Auf diese Art pflegte Herr Quanz, der sich in Merseburg einige Zeit aufgehalten, diese einigen Varianten unterworfne Anecdote zu erzählen.

(IV.)

(IV.)

Ein Dilettante besuchte den Herrn Johann Peter Lehmann, einen geschickten Organisten seiner Zeit an der Nicolaikirche zu Berlin, und Vater des itzigen würdigen berlinschen Chordirectors, Herrn **Johann Georg Gottl. Lehmann**. Derselbe hatte just Kopfschmerzen und ruhte auf einem Lehnstuhl. Da wegen dieses Umstandes ihre gewöhnliche Unterredungen über Musik nicht lebhaft seyn konnten, so setzte sich der Dilettante vors Clavier, fantasirte eine Weile, hörte in einer starken Dissonanz auf und gieng seine Wege. Der Herr Lehmann, der über der unresolvirten Dissonanz sein Kopfweh vergaß, sprang schnell vom Stuhle auf, und resolvirte sie. „Warte", „du Vogel," brach er voller Unwillen über die musikalische Sünde seines Freundes aus, „ich werde dich für deinen Muth-„willen schon ein andermal fassen." Der Herr Lehmann war aus Hang und Einsicht ein Verehrer des Gründlichen in der Tonkunst, und seine Lieblinge waren **Frescobaldi, Froberger** und die beyden **Muffats** in Wien. Als ihm sein Sohn, der itzige Musikdirector gebohren ward, so eröfnete er einen Briefwechsel mit dem Herrn Gottl. Muffat, und trug ihm bey demselben, zur

Bezeugung seiner Hochachtung, eine Pathenstelle an, die jener mit Vergnügen per procurationem übernahm.

(V.)

Ein Violinist, dessen Spiel sehr unbedeutend war, rühmte sich in einer Gesellschaft, daß er so glücklich gewesen wäre, den Bogen, womit der berühmte Tartini gespielet, in einer Auction zu erstehen. Beym Kuckuck! versetzte ein Gaskonier, ich würde mich glücklicher schätzen, wenn ich die Hand hätte, welche diesen Bogen geführet hat.

(VI.)

Der erste Opernsänger zu Paris ward krank, und die Direction sahe sich genöthigt, an seine Stelle einen Sänger von minderm Talente auftreten zu laßen. Das von den Ursachen dieser Substitution nicht durchgehends unterrichtete Parterre fieng bey Erscheinung des unerwarteten Acteurs heftig zu lachen an, welches aber denselben so wenig

nig aus der Fassung brachte, daß er vielmehr die Herren fragte, warum sie so unbillig wären und verlangten, daß ein Sänger, der nicht mehr als 3000 Livres hätte, dasjenige leisten sollte, was der anitzo kranke erste Acteur für 15000 Livres thäte. Die Zuhörer fanden die Vorstellung des Sängers gegründet, und antworteten mit bravo! bravo! worauf derselbe seine Arie von vorne wieder anfieng, und so lange der erste Sänger die Bühne nicht betreten konnte, dessen Rolle mit beständigem Beyfalle zu machen fortfuhr.

(VII.)

Als der berühmte Franz Couperin eines Tages am Festtage seines Kirchenpatrons, des heiligen Gervasius, zur Vesper gespielet hatte, und von einer Menge Kennern mit Complimenten überschüttet ward, so kam sein Calcant, ein närrischer Kerl, dazu und demonstrirte, daß Couperin nur die eine Hälfte von diesen Lobsprüchen sich zueignen könnte, und daß ihm, dem Calcanten, die andere Hälfte derselben gebührte. „Denn,‟ fügte er hinzu, „was hätte „Cou-

"Couperin vermocht, wenn ich ihm nicht "den Wind aus allen VIII. Kirchentönen "zugeblasen hätte?"

(VIII.)

Zur Zeit des unsterblichen Händel war in London ein Weinschenk (*Taverner*) Fanguts, den man seiner ziemlichen Corpulenz wegen Panguts zu nennen pflegte, als ein Erzschnacke bekannt. Die vornehmsten und gelehrtesten Männer würdigten ihn ihres Zuspruchs, und wenn Händel wissen wollte, welche Arien von seiner unter Händen habenden Oper bey dem Publico ihr Glück machen würden, so besuchte er den Herrn Fanguts. Dieser hatte nemlich die Gewohnheit, keine Opernprobe zu versäumen, und er wußte die Arien auswendig, ehe sie öffentlich gegeben wurden. Er suchte aber nur hauptsächlich diejenigen im Kopfe zu behalten, die ihm gefielen, und von welchen er glaubte, daß sie dem Publico gefallen würden. Wenn nun eine zahlreiche Gesellschaft bey ihm versammelt war, so bat er sich die Erlaubniß aus, seine musikalische Künste auskramen zu dürfen, und ihnen seine ne Lieblingsstücke vorzupfeiffen. Das Pfeiffen war nemlich sein Talent, und er pflegte sich selbst den geschicktesten Pfeiffer von Europa zu nennen. Um den Ton seiner Pfeiffe, welche sein Mund war, zu vermannigfaltigen, nahm er in einer Arie ein paar an einem Ende gespaltne Tabackspfeiffenstiele, in einer andern Arie einen Kamm oder Schüssel, in einer folgenden die Klinge eines Messers, zwischen die Lippen, und er sang nicht allein, sondern accompagnirte sich zugleich auf einer Bratpfanne, oder einem Rost, einer Zange, einigen Gläsern, oder Caffetassen, und andern klingenden Geräthschaften aus der Küche. Das curiöseste war, daß der Mensch nicht allein die Arien an sich mit vieler Präcision herausbrachte, sondern sein Accompagnement auch analogisch, und mit der Händelschen Grundharmonie übereinstimmig war. Dabey befliß sich der Tausendkünstler, den Ton, die Gebährden und allenfalls Grimassen dieses oder jenen Acteurs, dessen Arie er sang, aufs vollkommenste nachzuahmen, und man konnte es ihm ansehen und anhören, welcher Sänger der Gegenstand seiner Posse war. Wäre Janguts bey so vielen ihm angebohrnen musikalischen Fähigkeiten, von Jugend an an methodisch unterrichtet worden, er würde es in seiner Kunst vielleicht eben so weit als der unter uns rühmlichst bekannte Herr Doctor Fisher gebracht, und mit der bewundernswürdigsten Gentilleße auf der Violine haseliret haben.

(IX.)

Als ein guter Freund, der sich auf die Musik applicirte, den berühmten Verfasser des Dodekachord Glarean fragte, wie er lebte? antwortete er, wie ein Hofmusikus. Der andere wollte wissen, was er damit sagen wollte, und Glarean antwortete: Ich esse und trinke köstlich, und bin aller Welt schuldig. (Das war in drey Worten eine ziemlich boshafte Erklärung des Plautinschen *Musice viuere*, worüber der Herr Magister Biedermann etliche unnütze Bogen zusammengeschrieben hat.)

(X.)

(X.)

Als Glarean bey der Universität zu Basel einen Lehrstuhl erhalten hatte, so entstand die Frage, welcher Platz demselben bey öffentlichen Feyerlichkeiten angewiesen werden sollte, da er ein gekrönter Dichter war, und in dieser Qualität den Rang über die Magister hatte; gleichwohl aber nicht auf der Doctorbank sitzen konnte, weil er die Doctorwürde nicht erhalten hatt. Glarean verhielte sich bey diesen Umständen ganz leidend bis zur allernächsten Doctorpromotion. Um selbiger beyzuwohnen, miethete er einen Esel, und kam auf selbigem ganz ernsthaft ins Auditorium hineingeritten. Er ermangelte nicht in diesem Aufzug viel Aufsehen zu machen, und ungeachtet man schon seine Eulenspiegereyen kennte, so kam gleichwohl die gegenwärtige einigen Professoren und Studenten, die Freunde von dem Doctoranden waren, etwas zweydeutig vor, indem sie glaubten, daß er sich über die vorhabende Promotion lustig machen wollte. Man veranlaßte also den Rector der Universität, sich beym Glarean zu erkundigen, warum er auf eine so ungewöhnliche Art im Auditorio erschiene. „Warum?" antwortete Glarean, „weil „ich

„ich nicht weiß wo es mir zu sitzen erlaubt „ist, und auf diesem Esel habe ich doch ei„nen gewissen Platz, auf welchem ich so„wohl den Disputanten zuhören, als auch „wenn es mir belieben sollte, dagegen ar„gumentiren kann." Der Rector der sofort bemerkte, wohin Glarean zielte, säumte keinen Augenblick, sich mit dem academischen Senat über diesen Umstand zu besprechen, worauf dem Glarean sofort ein Platz auf der Doctorbank angewiesen ward, den derselbe den folgenden Tag feyerlichst einzunehmen nicht ermangelte.

(XI.)

Als sich eines Tages einige italienische Virtuosen beym Glarean anmelden und fragen ließen, ob sie das Vergnügen haben könnten, ihn zu sehen, so antwortete er mit einem O ja! — Die Fremden erschienen, und Glarean stellte sich mitten in seine Stube, kehrte ihnen bald das Gesicht und bald den Rücken zu, und sprach kein Wort. Als sie sich über dieses Betragen wunderten, und ihn fragten, warum er sie nicht seiner Unterredung würdigte,
so

so antwortete er, daß er verstanden hätte, wie sie ihn nur sehen wollten. Indessen würde er ihnen mit Vergnügen Rede stehen, wenn sie es wünschten, und nach diesem komischen Eingang fieng das Gespräch an, sehr lebhaft zu werden. — Burney erzählet in seinen musikalischen Reisen (I. Theil Seite 36) daß sich einsmals einige Engländer beym Herrn von Voltaire auf seinem Landguthe Ferney melden laßen. Er fragte, was ihnen beliebte. Als sie zur Antwort gaben, sie wünschten nur einen so aufserordentlichen Mann zu sehen, so sagte er: — „Gut, meine Herren, so sehen Sie „mich itzt. Hielten Sie mich für ein wil„des Thier oder für ein Ungeheuer, das „nur dazu diente, zur Schau gestellt und „begaffet zu werden?" — Quisque suos patitur manes. *Virgil.*

───────────────

(XII.)

Eine Dame von Stande ließ sich in einem Concert hören, und sang wie ein Engel. In dem Augenblick da sie ihre Cadenz endigte, erhob sich in der Nähe die Stimme

Stimme eines Esels. Ein einfältiger Musiker, der ihr auch gerne seinen Beyfall bezeigen wollte, näherte sich der Dame, und rief voller Verwunderung aus: Ach! gnädige Frau, was ist doch für ein Unterschied zwischen Ihrem schönen Gesange, und dem da in der Nähe! „Das ist ja curiös," versetzte die Dame. „Ich hatte die Stimme „da in der Nähe für die Ihrige gehalten."

Denkwürdigkeiten

einiger

Musikheiligen.

Achtes Dutzend.

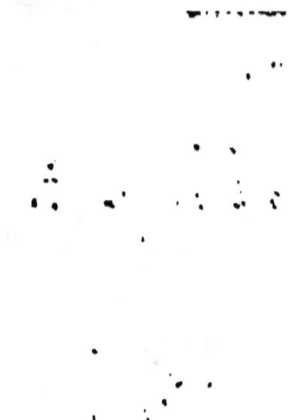

Achtes Dutzend
der
muſikaliſchen Denkwürdigkeiten.

(I.)

Es iſt überall Mode, in öffentlichen Concerten den Sängern und Spielern, die ſich durch ein vorzügliches Talent auszeichnen, mit der Hand Beyfall zuzuklatſchen. Der Director eines ſolchen Concerts, welchem gewiſſer Urſachen wegen dieſe Mode nicht in den Kopf wollte, wünſchte daß die Zuhörer ihren Beyfall lieber durch den Ausruf Bravo, an den Tag legen möchten, und die gefälligen Zuhörer bequemten ſich. Weil aber das Concert in einer Provinz Deutſchlands war, wo man die Buchſtaben b und p, ſo wie d und t, in der Ausſprache zu verwechſeln gewohnt iſt, ſo geſchahe es eines Tages, daß nach einem ſehr wohlgeſetzten, und vortreflich aufgeführten Magnificat faſt der ganze Concertſaal von nichts als von

pravo

bravo! pravissimo! erklang, worüber natürlicher Weise diejenigen, die den Unterscheid zwischen *bravo* und *pravo* wußten, in ein heftiges Lachen ausbrachen, welches zu der vorhergegangenen pompösen Musik einen lustigen Contrast formirte, und das Orchester zweifelhaft machte, ob es gelobt oder getadelt werden sollte.

(II.)

Der Intendant zu Caen*), einer Universität in der Normandie, hatte im Jahre 1740 oder 1741 eine zahlreiche Gesellschaft an der Tafel, unter welcher sich auch der Pater Guardian des dortigen Capucinerklosters nebst seinem Compagnon, und der durch verschiedne Schriften bekannte Ritter von Mainvilliers befanden. Da es in Frankreich Mode ist, sich beym Nachtisch durch ein Chansonettchen zu belustigen, so geschah es auch hier. Die gnädige Fräulein aus dem Hause eröfnete das Tafelconcert mit dem neuesten air tendre, welches ihr Sangmeister

---

*) Das Wort Caen wird nicht Ka—eng, sondern wie *Can* in Ducange und also wie Kang gelesen, welches ich, ohne sprachmeistern zu wollen, anzumerken nicht umhin kann.

meister noch den Morgen mit ihr seufzend durchgetrillert hatte. Ein Stutzer, der neben ihr saß, folgte mit einer schalkhaften Brünette nach, und ehe man es sich versah so stimmte der Pater Guardian, nachdem er sich den Bart zierlich gestrichen und sich etwas geräuspert hatte, folgendes Trinklied an:

> Chantons tous à la ronde,
> Chantons le verre en main.
> Il n'est rien dans le monde
> Si charmant que le vin.

Der Herr von Mainvilliers, der diesen Vorfall nutzen wollte, um die Gesellschaft auf Kosten der Kapuciner noch mehr aufzumuntern, unterbrach plötzlich den neben ihm sitzenden Sänger, und fieng an auf Capuciner Art, mit nieselnder Stimme, zu singen:

> Chantons tous à la ronde
> *Avec les Capucins.*
> Il n'est rien dans le monde
> *Si puant que mon voisin.*

Der aus dem Ton gebrachte Pater faßte sich so gut er konnte. „Wenn Sie, mein „lieber Herr Ritter, redete er ihn an, so „gut parodiren können, so versuchen Sie „sich doch an folgender Strophe:"

> S'il est vrai que la table
> Fait le plaisir des Dieux,
> Par un destin semblable
> Enyvrons nous comme eux.

„Es kömmt auf die Probe an," versetzte der Ritter und sang:

> S'il est vrai que la table
> *Fait le plaisir des gueux,*
> Par un destin semblable
> *Enyvrez-vous, pouilleux!*

Der Ritter sah bey dieser Strophe mit einer schalkhaften Mine die beyden Capuciner an, deren Augen vor Unmuth funkelten. Sie befestigten sich auf ihren Sandalen, schlichen sich von der Tafel weg und ärgerten sich, daß sie noch nicht vom Champagner gekostet hatten.

(III)

Johann Adolph Scheibe hielte sich einige Zeit im Thüringschen auf, ehe er als Capellmeister nach Dänemark befördert ward, und componirte daselbst für verschiedene Dorfcantores Kirchengänge, von welchen

welchen jeder Sonntag aus ein paar Recitativen und so vielen Arien bestand. Weil er sich allezeit mit einer unglaublichen Geschwindigkeit expedirte, und zu einem ganzen Jahrgang nicht mehr als einen Monat gebrauchte, so fragte ihn einmal einer von den Dorfamphions, wie es ihm möglich wäre, in so kurzer Zeit eine solche Menge von Partituren zusammenzuarbeiten, die der fertigste Notist kaum in so vieler Zeit ins Reine bringen könnte. „Das gehet ganz natürlich zu," antwortete Scheibe, indem er mit einer eingetunkten Feder auf einem Blatte Papier herum fuhr, und hier und dort Striche und Kleckse machte. „Der Herr thue desglei=
„chen auf einem Blatt Notenpapier, so ist
„der ganze Stoff zur Composition da,
„den derselbe nur tactmäßig einzutheilen
„braucht." Der Herr Scheibe hatte vielleicht nicht unrecht, aber nur bey seinem eigenen Machwerk. Er war kein Josquin oder Telemann die schnell und schön dachten. Seine Stärke bestand in der Kritik, so wie des Agricola seine.

(IV.)

Zu Madrit ist einem Sänger, Nahmens Johann Pinto, dessen Nahmen bey uns unbekannt geblieben, folgendes Epitaphium gesetzet worden: „Hier liegt Juan Pinto, „Spaniens Orpheus. Bey seiner Ankunft „in den Himmel vereinigte sich seine Stimme „mit denen der Engel. Aber kaum hatte Gott „seinen Gesang gehört, so wurde er derge=„stalt davon gerührt, daß er zu den himm=„lischen Geistern sagte: Schweigt ihr Laf=„fengesichter, und lasset meinen Kammer=„musiker Juan Pinto singen."

(V.)

Die Mademoiselle d'Orleans (eine französische Prinzeßinn,) hatte zu ihrem Lehrmeister in der Singekunst einen Acteur von der Oper, Nahmens Cocherau, einen sowohl seiner Figur, als seines Talents und Verstandes wegen liebenswürdigen Tonkünst=ler. Als derselbe eines Tages eine sehr lei=denschaftliche Arie auf dem Theater sang, und sich über die Grausamkeit seiner Gelieb=ten beklagte, so brach die junge Prinzeßinn, welche mit der Herzoginn ihrer Mutter in einer Loge war, voller Rührung in die Worte

Worte aus: Ach! armer Cocherau, ich bedaure dich. Die Mutter, welche diesen Ausruf etwas zu lebhaft fand, beschloß von Stunde an, die junge Prinzeßinn, ob sie gleich nicht mehr als 15 Jahr alt war, dem Schleyer zu widmen, und die feyerliche Einkleidung wurde kurz darauf in der Abtey Chelles veranstaltet.

(VI.)

Ein Clavierspieler und ein Handwerker wohnten in eben demselben Stock so nahe neben einander, daß ihre Stuben nur durch eine dünne Wand von einander unterschieden waren. Ein Clavierist, der ein Positiv in seiner Stube hatte, war gewohnt sich öfters bis späte nach Mitternacht auf selbigem zu üben, welches dem Handwerker, der des Tages Last und Hitze getragen, nicht sehr behaglich war, weil er dadurch in seiner Ruhe gestöhret ward, und des Morgens sehr früh aus dem Bette mußte. Derselbe begab sich also einen Morgen zu seinem Nachbar, und ersuchte ihn um die Gefälligkeit des Nachts sein Spielen einzustellen. Der Musiker wunderte sich nicht wenig über das Ansinnen desselben, warf ihm seinen wenigen Geschmack an Musik vor; sagte ihm, daß viele vornehme Leute aus der Stadt ihm mit Vergnügen die ganze Nacht zuhören würden, wenn sie Gelegenheit hätten, und schlug ihm sein Begehren rund ab. Der Handwerker, der kein Dummkopf war, merkte wohl, daß er das Ding bey einem andern Ende anfangen müßte. Er kaufte eine kleine Kindertrommel, und nahm sich vor sein Spiel darauf anzufangen, wenn der Musiker das seinige auf dem Positiv endigen und zu Bette gehen würde. Es geschah, und da der Clavierist sich über die nächtliche Lärmtrommel beschwerte, so antwortete der Nachbar in eben demjenigen Ton, da seine Beschwerden von dem Clavieristen erwiedert worden waren. Unterdessen fügte er hinzu, daß, wenn er, der Clavierist, nicht länger als bis um 10 Uhr Abends orgeln wollte, er bereit wäre, sofort seine Uebungen auf der Trommel nachzulassen. Der Vertrag wurde gemacht, und einer ließ hinführo den andern schlafen. — Eine Parallele zu dieser Begebenheit kann die zwischen dem berühmten *Christian Thomasius* in Halle, und einem gegen über wohnenden Schneider seyn. — Der Schneider hatte eine Menge Sangvögel in verschiedenen Käfigten vor seinen Fenstern hängen. Da selbige dem Herrn Professor

feſſor, der gewohnt war, ſehr früh aufzuſtehen und zu arbeiten, ſehr beſchwerlich fielen, ſo ließ er den Schneider um die Gefälligkeit erſuchen, ſeine gefiederte Capelle von den Fenſtern wegzunehmen. Dieſer welcher ſich durch dieſen Antrag ſehr beleidigt fand, ließ dem Herrn Profeſſor antworten, daß er ſein Haus bezahlt hätte, und darinnen machen könnte, was er wollte. Als Thomaſius ſahe, daß er mit einem verzweifelten Starrkopf zu thun hatte, ſo kaufte er einen Ziegenbock, ſperte ihn in einen dazu verfertigten großen Kaſten, der oben einige Oefnungen hatte, und ſtellte ſolchen an die Thüre ſeines Hauſes. Seine zahlreichen Zuhörer, die keinen Augenblick ſäumeten, die Abſicht ihres Lehrers zu begünſtigen, ermangelten nicht, beym Herein- und Herausgehen den armen Bock zu prickeln, der darauf aus allen Kräften zu meckern anfieng, welches für die am ofnen Fenſter arbeitenden Schneidergeſellen keine angenehme Scene war. Der Schneider unterließ nicht, ſich deßwegen beym Herrn Profeſſor zu beſchweren, und anzufragen, ob man ihm dieſes zum Poſſen thäte. „Nichtsweniger als „das, antwortete Thomaſius; ich habe ſo „großes Vergnügen an einem Ziegenbock, „als mein Nachbar der Schneider an ſeinen „Nachtigallen und Wachteln. Will derſelbe

„aber

„aber mir den Gefallen erweisen, seine Vö„gel wegzunehmen, so will ich auch meinen „Bock wegnehmen." Das geschah, und der Friede wurde wieder hergestellt.

___

(VII.)

Telemann stand annoch als Capellmeister am Eisenacher Hofe, als ihm eines Tages aufgetragen ward, zur Bewillkommung einer hohen Herrschaft, die nicht weiter als etwan drey Stunden von der Residenz entfernt war, eine Cantate mit Begleitung eines Flügels zu veranstalten, und es wurde ihm nicht mehr als etwann anderthalb Stunden Zeit dazu gegeben. Er beschickte den Hofpoeten und den Copisten, und alle drey setzten sich in Positur zu arbeiten. Der Poet schrieb seine Verse am Tische nieder. Hinter ihm stand der Componist, der auf seinem Schreibepult dem Dichter Zeile für Zeile nachfolgte, und meistentheils eher fertig war, als der Dichter zur folgenden Zeile übergieng. Der Copist sah dem Componisten wieder über die Schultern, und die drey Improvisatoren arbeiteten mit solchem Eifer, daß die Cantate in Zeit von fünf Viertheil Stunden fix und fertig war.

___

(VIII.)

(VIII.)

Als Gizziello das erstemal in Rom sang, bezauberte sein Singen dergestalt seine Zuhörer, daß er der allgemeine Gegenstand aller Gespräche ward, und in kurzem ward die Nachricht davon bis nach Neapel verbreitet. Caffarelli, der an diesem letztern Orte auf dem höchsten Gipfel seines Ruhms stand, ward dergestalt von der Neubegierde, vielleicht auch vom Neide gereitzt, daß er die erste Gelegenheit, da man ihn in der Oper zu Neapel missen konnte, wahrnahm um sich nach Rom aufzumachen, und die Oper zu hören. Er gieng aufs Paterre, vermummte sich in seinen Pelz, daß ihn niemand kannte, und nachdem er den Gizziello eine Arie hatte singen gehöret, so rief er so laut als er konnte: bravo, bravissimo, Gizziello! E Caffarello che ti lo dice.

(IX.)

Lully kam von ohngefähr in eine Kirche, wo währendem Gottesdienst eine seiner Operarien, welche man mit einem geistlichen Texte parodiret hatte, gesungen ward. Der fromme Florentiner kreuzte und seegnete sich, knieete nieder und rief voller Andacht

Andacht aus: Verzeihe mir, mein Gott, ich habe dieses Stück niemals für dich gemacht.

(X.)

Der ehemalige Königl. Preuß. Kammermusiker und Lautenist, Herr **Ernst Gottlieb Baron**, hielte sich in den Jahren 1720 und 1721 in Jena auf, und machte sich sowohl wegen seiner Geschicklichkeit auf der Laute, als wegen seiner jovialischen Laune unter den daselbst studirenden beliebt. Als er sich an einem Abend in einer zahlreichen Gesellschaft befand, bey welcher auch der berühmte und unglückliche Dichter Günther zugegen war, so wurde unter andern vieles von den Würkungen der alten griechischen Musik geredet, und die Frage aufgeworfen, ob die heutige Musik wohl dergleichen hervorzubringen vermögend wäre. „Und „warum nicht?" fragte Baron dagegen. — „Wohlan, mein lieber Landsmann und Bruder, sagte Günther, so laß dein Instrument hohlen, und zeige uns was die Kunst vermag." Es währte nicht lange, so war die Laute da. Baron fieng an verschiedne Tonleitern auf- und absteigend durchzulaufen, unterbrach die Tiraden öfters durch allerhand künstliche Arpeggios; überraschte von Zeit zu Zeit die in einem Zirkel um ihn herum gelagerten Zuhörer durch unerwartete enharmonische Uebergänge; durchflochte die schwersten Passagen mit schmelzenden pathetischen Melodien, nuanzirte sein Spiel durch alle ihm mögliche Gradationen von forte und piano, veränderte öfters die Tactart; bald schien er die Töne zu liebkosen, bald zu brüsquiren; bald von den Grazien und bald von den Furien beseelet zu werden, kurz Baron übertraf sich diesen Abend, und spielte vielleicht in der Folge der Zeit niemals so schön und mit solchem Affect. Da er sich öfters nach seinen Zuhörern umsah, so bemerkte er, daß sie bey gewissen Passagen unter sich unruhig zu werden, und verdrießliche Gesichter zu machen anfiengen. Er verdoppelte und verdreyfachte diese Passagen, und je mehr die unruhigen Bewegungen seiner Zuhörer zunahmen, desto mehr wurde Baron angefeuert, alle seine Künste auf seine Zuhörer zu versuchen. Er hatte es sich vorgenommen, die Leidenschaft des Zorns bis zu einem gewissen Grad nach und nach in ihnen zu erregen, und sobald sich solcher durch gewisse Unordnungen äußern sollte, ihren Unmuth

muth durch sanftere Modulationen wieder herabzustimmen. In der That geschah es bey einem gewissen Orte, da er bald mit lauter scharfen Dissonanzen fortlief, bald in eben derselben Dissonanz stille lag, und sie sehr vielmal hintereinander mit starken Griffen wiederhohlte, daß alle Zuhörer nach einander von ihren Sitzen aufsprangen, Stühle und Tische umwarfen, die Tabackspfeifen zerschmissen, einen Spiegel zerschlugen, in einige Caffegeräthschaften und die Fensterscheiben hineinarbeiteten, und ehe man es sich versah, so fuhren die Degen aus den Scheiden und klirrten gegen einander in der Luft. — Nun glaubte Baron, daß es Zeit wäre die aufgebrachten Gemüther wieder zu besänftigen, und den Frieden wieder herzustellen. Aber kaum hatte er mit gelindern Tönen zu moduliren angefangen, als einige von den Teufelskindern über den jenaischen Arion selbst herfielen; glücklich, daß er annoch Gelegenheit fand, sich aus dem allgemein gewordnen Treffen herauszuziehen, und sich mit seiner zerschmetterten Laute aus dem Staube zu machen. Er war aber noch nicht zehn Schritte von dem musikalischen Kampfplatze entfernt, als sich auf selbigem ein gewaltiges Lachen und Jauchzen

zen erhob. Baron horchte und merkte, daß alle wieder bey guter Laune waren, gieng aus mehrer Curiosität zurücke, und erfuhr — — daß er hintergangen, und alles was geschehen, unter den leichtfertigen Musenkindern, die den leichtgläubigen Baron gerne einmal zum besten haben wollten, so verabredet gewesen. Sie lachten alle, er konnte sich nicht enthalten, wenigstens mit zu schmunzeln, und tröstete sich in der Folge damit, daß ihm für den Spaaß eine ungleich bessere Laute, als er nicht gehabt hatte, den Tag darauf ins Haus geschicket worden. —

Sollte nicht alles, was man uns von den Künsten der alten griechischen Musik, ja sogar von einigen in neuern Zeiten vorgefallen seyn sollenden musikalischen Wundern, in dem ernsthaftesten Ton hin und wieder erzählet, auf eine Coyonerie dieser Art hinauslaufen? Ich will nur zweyer solcher Wunder gedenken. Das erste wird dem berühmten Virtuosen aus Mileto Timotheus zugeeignet, und von ihm gesagt, daß er den großen Alexander vermittelst einer griechischen Cantilene aus der phrygischen Tonart (e f g a h c d), welche er sich mit der Cithar accompagnirte, in solche Wuth gebracht,

bracht, daß er von der Tafel aufgestanden, und nach seinen Waffen gegriffen; durch eine andere Canzonette aber aus der unter‐phrygischen Tonart hcdefgah denselben wieder beruhigt, und zur Niederlegung der Waffen genöthigt habe. — Das zweyte Wunder fällt in die neuern Zeiten, und zwar in die Regierung von Heinrich dem III. König in Frankreich. Einer von seinen Kammermusikern, der jüngere Claudin, (*Claudin le jeune*) bekam den Auftrag, auf das Beylager des Herzogs von Joyeuse eine Musik zu verfertigen. Als solche bey Hofe aufgeführet ward, so gerieth durch Veranlaßung eines darinnen vorkommenden Gesanges aus der phrygischen Tonart ein junger Hofcavalier in solche heftige Bewegung, daß er wie ein Bootsknecht zu fluchen anfieng, und an jedermann Händel suchte. Der vorsichtige Claudin, der es vermuthlich schon seinen phrygischen Noten angesehen hatte, daß der Teufel sein Spiel damit haben würde, hatte zu allem Glücke dafür gesorgt, daß es nicht zu Thätlichkeiten kommen möchte. Denn in dem Augenblick, da der rasende Mensch von Leder ziehen wollte, wurde plötzlich die Tonart verändert, und ein unter‐phrygisches Lied machte ihn auf einmal wieder klug.

Ich

Ich habe gesagt, daß ich diese Histörchen mit der aus Jena in eine Reihe setze. Der bloße Unterscheid ist dieser, daß weder Alexander noch der französische Marquis in ihrer vorgegebnen Raserey die Musiker geprügelt haben, und daß beyde discreter als die jenaischen Studenten gewesen sind, und das Geheimniß nicht transpiriren laßen, um sowohl sich als die Musiker bey Ehren zu erhalten. Denn durch was für eine magische Kraft hätten jene Musiker diese Wunderdinge bewirken sollen, da sie weder so viele Materialien hatten als die heutigen Tonkünstler, noch diejenigen die sie hatten mit so vieler Wissenschaft und Einsicht zu bearbeiten im Stande waren, als heutiges Tages geschicht? Man kann hievon Marpurgs Geschichte und Lehrsätze der alten Musik nachlesen.

Im Augenblick fällt mir annoch eine Begebenheit ein, welche von einigen Scribenten ganz ernsthaft erzählet wird. — Es heißt, daß sich eines Tages beym Erich dem III. König von Dänemark, der zum Ausgang des eilften, nnd Anfang des zwölften Jahrhunderts regierte, ein Musiker gemeldet habe, der sich gerühmet, die Menschen mit seiner

Cithar rasend machen zu können; daß der König selbst die Erfahrung auf sich machen wollen, und derselbe würklich, nachdem er zuvörderst bald traurig, bald wieder lustig geworden; endlich im höchsten Grade zu rasen angefangen, und ehe man ihn wieder zur Ruhe gebracht, vier Personen mit dem Degen niedergestoßen habe. — Eine Kunst, die dergleichen Wirkung hervorbrächte, verdiente ohne Zweifel von den edlern Künsten ausgeschlossen und derjenige, der sie ausübete, bey den Beinen aufgehänget zu werden. Aber wer ist uns Bürge für die Wahrheit dieser Mordgeschichte, und wird nicht jeder Vernünftiger sie dahin setzen, wo die Fabeln von der Zaubertrommel der Lappländer, und von ihren dreyknotichten Zauberstricken hingehören, womit sie zum Vortheil der Seefahrenden, den Windgott nach ihrem Belieben in Bewegung setzen sollen?

(XI.)

Der größte italienische Operndichter Metastasio war noch nicht in den bequemsten Um=

Umständen, und bloß als ein Gehülfe des Apostolo Zeno in Wien bekannt, als ihm ein Mann, mit dem er in genauer Freundschaft gelebt hatte, bey seinem Ableben sein ganzes Vermögen vermachte, welches sich auf 150,000 Gulden belief. Metastasio aber, der in Erfahrung brachte, daß der Verstorbene Anverwandte in Bologna hätte, reisete dahin um solche aufzusuchen, und als er einige ausfindig gemacht, von denen er glaubte, daß sie das nächste Recht zu dieser Erbschaft hätten, sagte er ihnen, daß sein Freund ihm zwar sein ganzes Vermögen vermacht habe, er glaubte aber zu keinem andern Zweck, als es so lange in treue Bewahrung zu nehmen, bis er die würdigsten seiner Anverwandten in Erfahrung gebracht hätte, um es unter dieselben nach Billigkeit zu vertheilen, welches er denn auch alsobald that, ohne das geringste für sich zu behalten.

(XII.)

In der Mitte des vorigen Jahrhunderts blühte zu Venedig ein deutscher Musiker, Nah=

Nahmens Stradel, der sowohl für die Kirche als das Theater componirte, und sich ausnehmenden Beyfall erwarb. Ein bejahrter Patricier, der eine junge schöne Maitresse hatte, der er gerne die lange Weile mit Musik vertreiben wollte, und der in Absicht auf die Moralität des Unterrichts mehr Zutrauen zu einem Deutschen, als zu einem seiner Landsleute hatte, warf die Augen zur Ausführung seines Vorhabens auf Stradeln. Zum Unglück hatte sich der Patricier in der Wahl des deutschen Tonmeisters für diesesmal geirret. Denn der Lehrer und die Schülerinn wurden in kurzem so bekannt untereinander als Abelard und Heloise ehedessen, und es währte nicht lange, so waren beyde verschwunden. Der Patricier ließ sofort dem flüchtigen verliebten Paare nachsetzen, und die Banditen brachten würklich in Erfahrung, daß sich selbiges in Rom befände. Weil aber kein Bandit eher einen Mord begeht, als bis er seinen Rosenkranz abgebetet und Gott angerufen sein Vorhaben zu seegnen, so hatten die beyden Kerle sich auch zu diesem Ende in eine Kirche begeben. In selbiger wurde just eine vortrefliche Motette abgesungen, und sie hörten, daß selbige von einem venetianischen Capellmeister Nahmens Stradel wäre.

wäre. Sie verfärbten sich bey dem Nahmen Stradel, riefen plötzlich jeden rührenden Gedanken der gehörten Motette in ihr Gedächtniß zurück, und wurden einig, dem Schöpfer einer Musik, die so gewaltig auf ihr Herz gewürkt hatte, das Leben zu erhalten, anstatt es ihm zu nehmen. Sie verfügten sich zu dem Ende nach der Wohnung des Componisten, gaben ihm Nachricht warum sie nach Rom gekommen wären, und ermahnten ihn, sich sofort von dort weg zu machen, und nach Deutschland zurückzukehren. Aber Stradel — der unvorsichtige Stradel fuhr fort in Italien zu bleiben, und der Patricier, der davon Nachricht bekam, ließ ihn durch ein paar andere hartherzigere Banditen verfolgen, die ihn in Genua trafen, und daselbst ums Jahr 1670 ermordeten. —

Hier fällt mir die Begebenheit eines gewissen dramatischen Virtuosen, Nahmens **Angelo Constantini** ein. Derselbe war aus Verona in Italien gebürtig, kam ums Jahr 1681 oder 82 nach Paris, und erfand daselbst, um sich desto mehr beym Theater zu thun zu machen, die Rolle des **Mézetin**, ein Mittelding zwischen Diener und Aventurier.

turier. Der König von Pohlen August hatte diesen Acteur sehr rühmen gehöret, und wünschte ihn in seinem Dienste zu haben. Constantini nahm die Erbietung des Königs mit Erkenntlichkeit an, und da er sich zu dem Ende nach Dresden begab, so erhielte er von diesem Prinzen den Auftrag, ihm eine Gesellschaft von Acteurs anzuwerben, die abwechselnd eine französische Comödie und italienische Oper spielten. Constantini gieng deswegen im Jahre 1698 nach Frankreich zurück, und entledigte sich seines Auftrags mit solcher Zufriedenheit des Königs, daß ihn derselbe in den Adelstand erhob, und ihn zu seinem geheimen Kämmerier (Camérier intime) machte. Bey einer so ehrenvollen und vortheilhaften Bedienung hätte Constantin beständig glücklich seyn können. Aber sein unseeliger Hang zum schönen Geschlecht, den er öfters bis zur Unklugheit äußerte, verleitete ihn eines Tages, einer Dame von Stande, welche der König mit dem Titel seiner Maitresse beehrte, nicht allein eine dreiste Liebeserklärung zu thun, sondern selbige annoch mit allerhand unüberlegten Discursen auf Rechnung des Königs zu begleiten. Diese Dame wurde über die Unverschämtheit des

Meze-

Mezetin dergestallt aufgebracht, daß sie dem Könige sofort Nachricht davon gab, und da selbiger es nicht glauben wollte, ihn ersuchte sich an einem gewissen Ort ihres Zimmers zu verbergen; wo er ohne gesehn zu werden, alles was paßirte sehen und hören könnte. August sprang in vollem Zorn, mit dem Degen in der Hand hervor, und war im Begriff den unbesonnenen Menschen zu erstechen, als er sich besann, daß es sich für ihn nicht schickte, seine Hände mit dem Blute eines solchen Nichtswürdigen zu besudeln. Er begnügte sich, ihn nach der Vestung Königsstein bringen zu laßen. Nachdem Constantini daselbst ungefähr zwanzig Jahre zugebracht, so geschah es, daß eine andere Dame, die in vielem Ansehen bey dem Könige stand, diesen Prinzen ersuchte, ihr die Vestung Königsstein sehen zu laßen. Mezetin erschien mit einem langen Barte, den er seit seiner Gefangenschaft hatte wachsen laßen, und warf sich zu den Füßen des Königs. Die Dame unterstützte die Bitte des Gefangenen; aber der König war in diesem Augenblick unerbittlich. Erst einige Monate nachher ward Mezetin in Freyheit gesetzt, und man gab ihm alle seine Habseeligkeiten, jedoch mit dem Befehl zurück,

rück, sofort die Stadt Dresden zu räumen, und sich niemals wieder auf sächsischem Grund und Boden betreten zu laßen.

Denkwürdigkeiten

einiger

Musikheiligen.

Neuntes Dutzend.

Neuntes Dutzend
der
musikalischen Denkwürdigkeiten.

(1.)

Einige junge Tonkünstler, die in vielerley Factionen getheilt zu seyn schienen, standen in einem großen Concert neben einander, und beurtheilten ein eben gespieltes Flötenduett. „An Erfindung und Fülle der Ge„danken, sagte der eine, fehlt es dem Com„ponisten nicht. Aber die garstigen Roß„quinten und Ruhoctaven entstellen das „Tonstück."

Ich bin, warf ein anderer ein, im Punkt der Erfindung nicht einerley Meinung mit Ihnen. Wenn es ihm nicht daran fehlte, so würde er nicht an einigen Oertern zu den Schusterflecken und Vettern Michel seine Zuflucht genommen haben. Hiernächst beweisen diese Stellen, daß das Duett wenigstens schon 20 Jahre alt ist. — —

„An

„An dem Alter des Tonstücks, unter-
„brach ein dritter, wäre nun wohl nichts
„gelegen, wenn selbiges nur gesetzmäßig
„componiret wäre. Aber, daß das Stück
„nicht so alt ist, wie Sie glauben, sondern
„vielmehr nagelneu, läßet sich aus den
„ewigen Lämmerterzen und Schärffer-
„ten, welche mit gar keinen Bindungen
„und andern Wendungen untermischet sind,
„sehr richtig schließen."

Da ich nur ein Dilettante bin, so kann ich nicht sagen, in wiefern die Kritik dieser Aristarchen gegründet war. Mir fiel nur ihre kernhafte Kunstsprache etwas auf, die aus der Herberge von Schustern und Vieh= mästern entlehnt zu seyn schien. Indessen habe ich so viel bemerket, daß der Componist weder den Statuten der alten, noch neuen Schule mußte genug gethan haben; daß eine jede Schule ihr eigenes Schiboleth hat, wornach sie die Werke der Kunst beurtheilet, und daß die obigen Herren Kritiker durch Schusterfleck die Wiederhohlung einer Pas= sage durch die Versetzung verstanden. — Da es zur Zeit noch nicht ausgemacht ist, ob diese Versetzung einer Passage in andere Töne, wenn sie nicht gemißbraucht, und nicht zu unschicklich angestellet wird, der Schönheit eines Tonstücks nicht mehr nützet,

als

als schadet, so wünschte ich wohl von der Feder eines Eingeweyhten darüber eine vernünftige, über allerley Arten von kleinern und größern Tonstücken sich erstreckende, Abhandlung zu lesen. Die Franzosen nennen die öftere Transposition einer Passage eine *Rosalie*. Woher mag diese Benennung kommen?

(II.)

Ein Oboer, der in einem Concerte nicht so viele Bravos erhalten hatte, als der Clavizembalist, sagte voller Eifersucht zu selbigem: „Sie haben auf Ihrem Instrumente heute vortreflich geklappert." — Nicht so sehr, antwortete der Clavizembalist, als Sie auf dem Ihrigen gegackert haben.

(III.)

Ein von seinen Talenten gewaltig eingenommner geistlicher Sänger, der da, wo er fehl sang, am meisten zu schreyen pflegte, tadelte bey aller Gelegenheit den Cantus firmus (plein chant) im römischen Antiphonario, und wünschte, daß er vom päbstlichen Hofe bevoll-

bevollmächtigt werden möchte, diesen Gesang umzuarbeiten. Als derselbe eines Tages nach vollendter Vesper, mit einem seiner Amtsbrüder in der Kirche zurück blieb, um einige von ihm componirte neue Melodien zu einigen Hymnen zu versuchen, so bemerkte er eine ohnweit der Chorstühle sitzende alte Frau, die ihre bittere Thränen weinte. Der Sänger, welcher glaubte, daß seine Hymnen die gute Frau gerühret hätten, gieng voller Zuversicht, die Versicherung davon aus ihrem Munde zu hören, auf sie zu und fragte, ob ihr nicht die Hymnen gefallen und Thränen ausgepresset hätten? Ach! ehrwürdiger Herr, antwortete die Alte, von Ihren Hymnen verstehe ich nichts. Aber Ihre Stimme erinnert mich an meinen vor einiger Zeit abgeschiedenen Esel, den Gott wolle seelig haben. So oft ich eine ähnliche Stimme höre, kann ich mich nicht enthalten, bitterlich zu weinen.

(IV.)

Vom Ursprung der Murky. Noch vor etwan 30 Jahren war eine gewisse Art von Clavierstücken, doch nur in Deutschland, stark Mode, deren Hauptcharakter dar-

muſikaliſchen Denkwürdigkeiten. 177

darinnen beſtand, daß bey einer ariôſen Melodie der Baß in lauter brechenden Octaven geführet ward. Man nennte ein ſolches Clavierſtück eine Murky, und es werden wenig Tonkünſtler ſeyn, welche nicht einmal in ihrem Leben ein ſolches Stück geſehen haben ſollten. Der Urſprung deſſelben fallt ins Jahr 1720 oder 1721, und die Veranlaſſung dazu iſt folgende. — Zwey Cavaliere, die ſich für die verſchiedenen Reitze der Gottheit Cytherens eine eigene Kunſtſprache erſonnen hatten, bekamen Luſt in dieſer ihnen gewöhnlichen Sprache die Begebenheiten gewiſſer Damen zu beſchreiben, und am Ende ein ſich darauf beziehendes Liedchen hinzuzufügen. Beſſer würde ein ſolches Product des ſotadiſchen Witzes die Geſchichte der Ruheſtätte der Liebe, oder des Throns der Wolluſt genennt haben. Crebillon hätte es vielleicht *l'hiſtoire des bijoux indiſcrets*, und ein Niederdeutſcher das Mährchen vom Murmelthiere genennet. Unſere Deutſche nennten das Ding aus ihnen bekannten Urſachen eine Murky. — Ein Muſiker, Nahmens Sydow, der ein guter Freund von den bey den Cavalieren war, wurde erſucht, einige ihrer Lieder von dieſer Art in Muſik zu bringen. Da ſelbiger dafür hielte, daß er die Muſik ſo poßierlich machen müßte,

M als

als poßierlich die Worte waren, so begnügte er sich nicht, den Gesang allein darnach zu formen, sondern er ließ auch den Baß daran Antheil nehmen, und solchen zu diesem Ende in lauter brechenden Octaven einhergehen. Diese Compositionsart, welche bis dahin unbekannt gewesen war, erhielte nicht allein den Beyfall der jungen Herren, sondern auch anderer, und Herr Sydow ward ermuntert, mehrere kleine Clavierstücke in diesem Geschmacke zu verfertigen. Selbige wurden alle durch den Nahmen von Murky charakterisiret, und solchergestalt war die Sprache, durch eine gar seltsame Veranlassung, mit einem neuen Worte, und das Clavier mit einer neuen Compositionsart bereichert worden. Was das curiöseste war, ist, daß selbige in der Folge von andern Musikern, die den saubern Ursprung der Murky nicht wußten, bey den ernsthaftesten Gegenständen nachgeahmet ward.

(V.)

Man erzählt von dem ehmaligen berühmten Capellmeister Heinichen in Dresden, (dessen Werk vom Generalbaß, hundert tausend

tausend Druckfehler ungeachtet, allezeit ein vortrefliches lehrreiches Werk bleibet,) daß er über alles, was man Gutes oder Böses von ihm gesprochen, und ihm wieder zu Ohren gekommen, ein Denkregister geführet, und solches sein schwarzes Register genennet habe. Einsmals erfuhr er, daß ein gewisser Musiker zwar seine Compositionen sehr gelobet, aber hinzugefüget hätte, daß sie alle mit der Terz anfiengen. Er säumte keinen Augenblick dieses Urtheil in sein schwarzes Register einzutragen; fügte aber in Ansehung des Anfangs mit den Terzen hinzu: „Es ist wirklich wahr. Man muß „sich hierinnen bessern, und es künftig nicht „mehr thun *). — Schade, daß das schwarze Register vom Herrn Concertmeister Pisendel, nach dem Ableben Heinichens, ins Feuer geworfen worden, und dadurch viele vielleicht merkwürdige Anekdoten verlohren gegangen.

(VI.)

*) In den Memoires historiques & critiques, vom Monat November 1722, liefet man von dem gelehrten Tourreil, einem Mitgliede der französischen Akademie, qu'il marquoit exactement dans ses Memoires les fautes qu'on lui avoit reproché, plus estimable de les avoir reconnues de bonne foi, & de les avoir corrigées avec docilité, qu'il ne le seroit de ne les avoir point faites.

(VI.)

Eine Lady, welche das Clavier spielte, ersuchte den Herrn Giardino, (es war zur Zeit, als die Rondeaux nach dem neuen Zuschnitt Mode wurden,) ihr einige Stücke von dieser Art zu componiren. Als Giardino ihr die Rundstücke einhändigte und vorspielte, entschuldigte er sich wegen des einen derselben, in welchem er glaubte den Rundsatz zu oft wiederhohlet zu haben. „Lassen Sie es „so gut seyn, antwortete die Dame, ich liebe „die Wiederhohlungen."

(VII.)

In der Mitte des XVIten Jahrhunderts fieng in einigen Kirchen der Stadt Rom eine so besondere Art von Musik zu herrschen an, daß der entschiednen Beschützung ungeachtet, welche das heilige Conclave sonst der Musik angedeyhen lassen, der Pabst Marcell II. darüber unwillig ward, und sich entschloß, sie aus der Kirche zu verbannen. In der That wäre es dazu gekommen, wenn sich nicht ein junger Componist, Nahmens Johannes Peter Aloysius von Palestrina,

ins-

insgemein Pränestini*) genannt, vor seiner Heiligkeit präsentiret, und um die Erlaubniß angesuchet hätte, ehe die Musik auf ewig von dem Gottesdienst ausgeschlossen würde, eine im feyerlichen Kirchenstyl von ihm gesetzte Messe aufführen zu dürfen. Seine Bitte wurde ihm gewähret, und so führte er am Ostersonntage 155 die berühmte sechsstimmige Messe auf, welche Missa Papae Marcelli genennet wird, und so großen Beyfall erhielte, daß die Musik wieder in die vormalige Gunst kam, und beym Gottesdienst erhalten ward. Diese Messe wurde in der Folge der Zeit herausgegeben, und dem Nachfolger Marcells, der nur 22 Tage regierte, nemlich Paul dem IVten zugeeignet, und Se. Heiligkeit ernannte den Pränestini zum Componisten der päbstlichen Capelle. Indessen folgten nicht alle Componisten dem Exempel des Pränestini; die Musik artete wieder aus, und die Frage wegen Aufhebung der Kirchenmusik kam unter der Regierung des Pabsts Pius V. noch einmal aufs Tapet.

---

*) Der Geburtsort des Componisten heißt Palestrina in italienischer, und Præneste in lateinischer Sprache. Daher kömmt Pränestini. Anstatt Aloysius wird er auch Ludovicus, und alsdenn im italienischen Giovanni Pietro Luigi da Palestrina genennet.

Selbiger nahm sich vor, sie nicht allein aus den Kirchen Roms, sondern der ganzen katholischen Christenheit zu verbannen, und auf dem Concilio zu Trident darauf anzutragen. Zur Ursache giebt der Jesuit Lud. Creß. Myster. lib. 3. (nach einer Citation des Herrn Mattheson,) an, daß die Musik aus nichts als Säuseleyen und Coloraturen bestanden, die kein Mensch begreifen können. Hier stellte sich der vortrefliche Pränestini noch einmal vor den Riß, und verfertigte aufs geschwindeste einige Messen, welche den Pabst dergestalt rührten, daß hinfort nicht mehr von Aufhebung, sondern nur von Verbesserung der Kirchenmusik die Rede war. Die oben gedachte pränestinische Messe Papae Marcelli, welche ohne Zweifel annoch in Rom, und vielleicht auch in Wien zu haben ist, verdiente durch Breitkopf- oder Hummelschen Druck aufs neue aufgelegt, von allen Kirchen, catholischen und protestantischen angeschaffet, und alle Jahr einmal von tauglichen Subjecten, zum ewigen Andenken der Sache aufgeführet zu werden.

(VIII.)

(VIII.)

Der Pater Schmidt, der sich anitzo zu Amsterdam aufhält, eine hübsche Frau geheyrathet hat, und uns von Zeit zu Zeit die zierlichen Produkte seiner Muse durch den Hummelschen Griffel mittheilet, war annoch in seinem Kloster, als er sich eines Tages mit seiner Violine in einem vornehmen Hause hören ließ, und ein Bravo nach dem andern bekam. Ein leichtsinniger Geck von Stande, der alle Geistliche gerne zum Besten hatte, ergriff die Gelegenheit, da bey einem Interstitio des Concerts der Ordensmann ans Fenster getreten war, sich an denselben zu machen. „Mann Gottes! sprach „er zu ihm, warum sind Sie nicht mit Ih„rem vortreflichen Talent in der Welt ge„blieben? Sie sehen, in was für Entzü„ckung Sie die schönsten Damen mit Ihren „Tönen setzen. Was würde nicht geschehen, „wenn sich Ihre ganze Person selbigen mit„theilte? Wie ist es möglich, daß Sie das „so widersinnige Gelübde der Keuschheit „haben ablegen können? Ich setze nun den „Fall, mein lieber Herr Pater, vergeben „Sie mir diese Curiosität, daß er Ihnen = = „Was machen Sie denn da?" Was ich mache? antwortete der Pater, indem er sich

sich von dem Petitmaitre entfernte, ich lasse den Narren s . . .

(IX.)

Josquin, Capellmeister Ludwigs des XIIten von Frankreich, wurde von einem Musiker um die Revision eines vom letztern in Musik gebrachten Psalms ersucht. Er wurde auf einen Blick gewahr, daß der Componist nicht einen Funken Genie haben müste, und stutzte zugleich vor den harmonischen Fehlern, die sich in jeder Zeile entdeckten. „Zur Revision dieses Tonstücks, „sagte Josquin, braucht es nicht viel Zeit." Da das Ende desselben mit dem lateinischen Worte *finis* bezeichnet war, so strich er die Sylbe *nis* weg, und gab dem Autor die Partitur mit der Versicherung zurück, daß nunmehr alles revidiret wäre.

(X.)

Was Horaz vom Tigellius und andern Virtuosen am Hofe des Kaysers August saget, daß sie niemals singen oder spielen, wenn sie darum ersuchet werden, und nicht aufhören

ren, wenn man sie nicht auffordert, traf in eigentlichem Verstande bey dem unlängst verstorbenen, W. F. B. ein, der, wie man weiß, unter die kunstreichsten Clavier- und Orgelextemporalisten seiner Zeit gehörte. Er machte im Jahre 1750 eine Reise nach P.. um seinen damals annoch daselbst befindlichen Hrn Bruder, diesen so gefälligen als großen Virtuosen, zu besuchen. Da ich öfters das Vergnügen hatte ihn bey mir zu sehen, so geschah es eines Tages, daß er sich just bey mir befand, als der vortrefliche Violinist Giardino, der anitzo in London lebet, und mit dem französischen Grafen von Turpin nach P... gekommen war, mich besuchte. Nachdem ich beyde Virtuosen mit einander bekannt gemacht, so präsentirte ich dem Hrn. Giardino eine Violine. Er nahm sie ohne die geringste Schwierigkeit zu machen, ohne weder die Ungewohnheit des Instruments, noch eine mit englischem Pflaster belegte angebliche Beule am kleinen Finger vorzuschützen, und capriccirte auf die bezauberndeste Art, nach seiner Methode, eine Viertheilstunde darauf. Nunmehr hielte ich meinen Freund B.. von apollischem Feuer durchdrungen, und ersuchte ihn, uns auf einem vor ihm stehenden Flügel mit einigen künstlichen Griffen zu regaliren. Herr Giardino der liebenswürdigste

Mann von der Welt, vereinigte sein Bitten mit dem meinigen; aber der hartsinnige B – – war auf keinerley Art dahinzubringen. Kaum aber war Giardino weg, so fieng er an nach und nach seine Finger in Bewegung zu setzen, und spielte länger als ich Zeit hatte ihm zuzuhören. Ich war verbunden gewisser dringenden Geschäfte wegen auszugehen, und blieb eine Stunde weg. Ich kam wieder nach Hause, und fand den Herrn B – – annoch in völliger Arbeit vor dem Flügel sitzen. Was hatte der Mann für Ursachen nicht zu spielen, als er darum ersuchet ward, und zu spielen, da man ihn nicht darum ersuchte? Hielte er den fremden Tonkünstler nicht wehrt, die Schätze der Harmonie für ihn zu öfnen, oder fand er etwas superiores in seiner Spielart, welches ihm den Muth benahm?

(XI.)

Volümier, ehemaliger Concertmeister am Dresdenschen Hofe, hatte die Gewohnheit, wenn er ein musikalisches Stück von jemanden aufgeführet, und solches nicht gut genug befunden hatte, um es bey einer andern Gelegenheit

-legenheit zu wiederholen, zu seiner Erinnerung die Worte *Très mauvais* auf den Titel eines solchen Stücks zu schreiben. Als nach seinem Tode seine Musikalien verkauft werden sollten, und sich unter andern ein gewisser Liebhaber fand, der diese Worte nicht verstand, sondern selbige für den Nahmen des Componisten hielte, so fragte er den Herrn Pisendel, der die Aufsicht über die volümiersche musikalische Verlassenschaft übernommen hatte, wer der *Signor Très mauvais* wäre, und wo er sich aufhielte. Pisendel, der es nicht für nöthig hielte, dem Liebhaber ein Collegium über die französische Sprache zu lesen, antwortete, daß der *Signor Très mauvais* ein angehender Tonkünstler wäre, der sehr viel zu setzen pflegte. Gut, erwiederte der Liebhaber, ich muß auch etwas von dem Herrn *Très mauvais* haben. Ich liebe die Veränderung.

(XII.)

Johann Reintjes, ein Bremer von Geburt, meldete sich zu einem ledigen Organistendienst an der lutherischen alten Kirche zu Amsterdam. Als er nach gehaltnem

Probespiel, zu den Kirchenvorstehern gerufen ward, und diese wissen wollten, ob er lutherisch oder reformirt wäre, so sagte der Präsident des Collegii zu ihm: "Mein Herr, Sie werden doch wohl den Synod von Dordrecht kennen." Reintjes, der das Ding für eine Schwester von der Folie d'Espagne hielte, antwortete ganz treuherzig: Nein, mein Herr, ich habe es nie gesehen. Man gebe es mir aber nur in Noten, so hoffe ich es vom Blatte wegzuspielen."

Denkwürdigkeiten
einiger
Musikheiligen.

―――

Zehntes Dutzend.

―――

Zehntes Dutzend

der

musikalischen Denkwürdigkeiten.

———————

(I.)

Ein sächsischer Steuerrath, der sich in gewissen Angelegenheiten in einem Dorfe unweit Dresden aufhielte, und an einem Sonntage die Kirchenmusik daselbst auf dem Orgelchor mit anhörte, bekam Lust, weil er die Tonkunst gut verstand, sich eine Stimme auszubitten. Man überläßet selbige seiner Wahl, und da er sie aufs beste executiret, so laden ihn die Feldapollos zu der darauf folgenden Fuge ein. In diesem Stücke nimmt er sich vor, bey Gelegenheit einer Pause, ihre Einsicht auf die Probe zu stellen. Er tritt um einen Tact später ein als er sollte, ersetzet aber sogleich seinen Fehler wieder, indem er einen Tact überspringt, und singet hernach ohne fernern Anstoß seine Stimme bis ans Ende fort. Begierig zu wissen

wissen, ob sein Versehen bemerket worden, fragte er, wie er sich bey der Fuge gehalten hätte. — Recht wohl, antworteten die Feldmusiker, ausgenommen daß er an einem Orte, den sie ihm in seiner Stimme mit dem Finger nachwiesen, so ein bischen darneben gestochen, wiewohl er seinen Fehler in dem folgenden Tacte sofort wieder gut gemacht hätte. — Wie ist es möglich, fragte der Steuerrath voller Verwunderung, daß ihr guten Leute so pünktlich zu seyn gelernet habt! — „O mein lieber Herr Steuer-
„rath, erwiederte ein neben ihm stehender
„Bauer, das haben wir alle auf der Scheune
„beym Dreschen gelernet. Wir merken es
„da gleich im Augenblick, wenn der Flegel
„außen bleibt."

(II.)

Im Jahre 1755 erschien in Paris ein Unterricht von der Singekunst, unter dem Titel: L'Art du chant dedié à Madame de Pompadour par Mr. Berard, à Paris. Das Werk wurde in dem Mercure de France mit vielen Lobeserhebungen angekündigt, und Berard wurde darüber überall complimentirt. Er gerieth in die freudigsten Entzückungen

gen, die durch die Freygebigkeit der Frau von Pompadour, welche ihm ein paar tausend Livres zum Geschenk einhändigen ließ, nicht wenig vermehret wurden. Der Herr Berard, dessen Glück schon von einigen Sangmeistern beneidet zu werden anfieng, würde nicht ermangelt haben, in diesem oder jenen musikalischen Wörterbuche mit der Zeit vergöttert zu werden, wenn er nicht einen gewissen dummen Streich gemacht hätte. — Das Werk über den Gesang war kein Werk seines Geistes, sondern das Product eines geschickten armen Musikers, Nahmens Blanchet, der ihm in einem Nothfall sein Manuscript für ein sehr geringes Honorarium abgetreten hatte. Aber Berard, der am unrechten Orte ein Knicker und kein Mann von Wort war, bezahlte den Hrn. Blanchet nicht; weshalb dieser um sich zu rächen, nicht allein das Geheimniß ausschwatzte, sondern den Berard annoch beym Parlament verklagte, um seine Bezahlung zu erhalten. Solchergestalt kam Berard, sua culpa — sua maxima culpa, als ein Plagiarius um Ehre und Ansehen, nachdem man ihn schon vorher für würdig gehalten hatte, bey der Universität zu Orford oder Cambridge um ein Doctordiplom nachzusuchen.

(III.)

Zum Leben des Herrn von Eßer. Herr Eßer, einer der größten Virtuosen Deutschlands auf der Violine, durchreisete von der frühesten Jugend an die vornehmsten Länder in Europa, in welchen die Musik geschätzet wird. Die außerordentliche Fertigkeit und Eleganz, womit er sein Instrument spielet, erregte bey Kennern Verwunderung und bey Liebhabern Erstaunen. Der größte geistliche Fürst, dessen Vorgänger von jeher einen gewaltigen Wehrt auf die von ihnen ertheilten Patente setzten, schenkte ihm das Patent eines Ritters. Paris erkannte den Wehrt seines Spiels, und Engelland, wo alle vorzügliche Talente besonders geschätzet werden, wurde für ihn eine Goldgrube, die sein beständiges Glück hätte machen können, wenn er etwas haushälterischer und zugleich weniger eigensinnig gewesen wäre. — Unter seinen vornehmsten und großmüthigsten Gönnern war ein gewisser Lord, der von einigen Verwandten aus der Provinz besuchet ward, und selbigen an einem für sie und andere Freunde in London angestellten Feste zugleich das Vergnügen verschaffen wollte, den Herrn von Eßer zu hören. Alle eingeladene Personen erschienen, nur der Herr von Eßer nicht.

Der

Der Lord, der schon die Caprice des Virtuosen erfahren, doch bis dahin mit Gleichgültigkeit übersehen hatte, wurde für diesesmal etwas aufgebracht, und beschloß sich zu rächen, welches in der That auf eine sonderbare Art projectirt ward. In der Gewißheit, daß der Herr von Eßer ein andermal uneingeladen zu ihm kommen würde, wenn er etwann einen Vorschuß gebrauchte, befahl der Lord seinen Bedienten und Stallknechten, so bald sie den Herrn v. E. mit seiner Violine erscheinen sehen würden, ihn nach dem Stalle zu führen, ihn zu zwingen, eine Stunde lang den Pferden etwas vorzuspielen, und ihn hernach unter Reichung einer Guinee zu entlassen. Es ist aber zu glauben, daß der Herr von Eßer von den wider ihn gemachten Verfügungen noch zu rechter Zeit Nachricht bekommen, und er lieber Engelland verlassen haben wird, als seine Virtu einer solchen Demüthigung auszusetzen.

(IV.)

Lully erhielte von Ludwig dem XIVten König von Frankreich, das Patent eines Edelmanns, ließ aber selbiges nicht vom

Parlament registriren, aus der Ursache weil sich andere Edelleute darüber aufgehalten, daß er ohne durch gewisse Grade zu gehen, mit einem mal mit dieser Qualität beehret worden. Einige Zeit darauf wurde auf dem Lustschlosse zu St. Germain die Moliersche Comödie *le Bourgeois gentilhomme* aufgeführet, in welcher Lully selbst die Rolle des Mufti mit solcher Zierlichkeit sang, ungeachtet er nur einen Halm von Stimme hatte, daß ihn der König vor sich kommen ließ, um ihm seinen Beyfall zu bezeugen. Der schlaue Florentiner machte sich diese Gelegenheit zu Nutze, dem König vorzustellen, wie er wünschte, von Sr. Majestät in das Corps der Conseillers Secretaires du Roi aufgenommen zu werden, wie ihm aber von den Gliedern desselben viele Schwürigkeiten gemacht würden. „Wie so? fragte der König, „wollen sie dich nicht annehmen? Sie wer„den ja alle Ehre davon haben. Geh so „fort zum Kanzler le Tellier, und sprich mit „ihm." Lully verfügte sich zum Kanzler, der seinen Collegen davon Nachricht gab, unter welchen der Generalcontrolleur Louvois am meisten über die Kühnheit des Lully aufgebracht ward. In der That führte er ihm selbige unter dem bittern Vorwurf zu Gemüthe, daß er für solche Charge nicht

gema=

gemachet wäre, da er nichts als die Kunst verstände, die Leute lachen zu machen. „O „mein werthester Herr Generalcontrolleur, „antwortete Lully, meine Kunst, die Sie aus= „üben würden, wenn Sie solche verständen, „ist besser als die Ihrige, die die Leute wei= „nen macht." Nachdem der Kanzler dem Lully das Patent als Conseiller - Secretaire ausgefertigt hatte, gab Lully eine freye Oper, in welcher die ganze Staatskanzley des Kö= nigs mit schwarzen Mänteln und Castorhü= ten erschien, und auf den vordersten Bänken des Parterre Platz nahm. Der Herr de Louvois redete als ein kluger Hofmann num= mehr auch aus einem andern Ton, und war entzückt wenn sein Mitbruder viele Bravos von dem Publico empfieng.

(V.)

Die Musiker hatten ehedessen die Ge= wohnheit, wenn sie sich zu einem Concert ein= stimmen wollten, einer nach dem andern ihren ersten Ton von dem Flügel abzunehmen, und da mancher nach a oder e, und ein anderer wie= der nach g oder d stimmte, so geschah es na= türlicherweise, daß wenn die Quinten g d, d a, und a e auf dem Flügel schwebend ge=

stimmet waren, die darnach abgestimmten Violinen unmöglich unter sich stimmen konnten; nicht zu gedenken, wie der auf dem Flügel von einer metallenen Sayte hervorgebrachte Ton, nicht von allen Musikern in der vollkommensten Gleichheit auf die Darmsayten übertragen ward. Hierzu kam, daß derjenige, der eher als ein anderer fertig geworden war, anstatt sein Instrument bis zum gehörigen Gebrauch auf die Seite zu legen, gewaltig zu präludiren anfieng, und da der eine in d, der andere in es, und der dritte in e u. s. w. seine Schnörkelchen machte, währender Zeit die andern noch mit dem Stimmen beschäftigt waren, so konnte es bey solchem indiscreten Lärm nicht anders seyn, als daß sie unmenschlich lange stimmen mußten, und doch keiner zuletzt mit dem andern einstimmig war. — Heutiges Tages herrschet diese tolle Gewohnheit nur annoch in den Concerten, wo der Concertmeister keine Autorität hat, oder in solchen, die in liederlichen Bierschenken gehalten, und von dem Gott Bachus mit der Tabackspfeiffe im Munde angeführet werden. Denn in allen wohlgeordneten Versammlungen der Musen, hat der erste Violinist, oder Concertmeister einzig und allein das Amt, den Stimmton vom Flügel abzunehmen, und

solchen

solchen den übrigen Mitgliedern des Orchesters, einem nach dem andern mit Bogenstrichen, und nicht mit Fingergriffen, im Herumgehen mitzutheilen. Da während dieses Processes alles unzeitige Fantasiren gänzlich wegfällt, so wird dadurch nicht allein die größte Einstimmigkeit erhalten, sondern auch viel Zeit ersparet, und die Zuhörer werden durch keine unleidliche Discordanzen gepeinigt. — Als an einem gewissen deutschen Hofe diese Methode, die schon seit langer Zeit den vornehmern Concerten zu Paris und London eigen ist, von einem neuen Concertmeister eingeführet ward, so unterfieng sich der alte Hofmarschall, welchen Apoll in seinem Zorn zum Capelldirector gemacht hatte, und der an den ehemaligen Stimmungsschlendrian gewohnt war, dawider zu protestiren, mit der Behauptung, daß man jedem Musiker die Freyheit lassen müßte zu stimmen wie er wollte. Der Concertmeister wendete dagegen ein, daß bey solchem Verfahren niemals rein gestimmt würde; daß gegentheils manches Instrument, zumal in gewissen Tönen, um ein Comma zu differiren pflegte, und sie müßten alle in den vollkommensten Einklang gestimmet seyn. „Was „Einklang? erwiederte der wortreiche Hof=
„marschall. Wir wollen mehr als einen „Klang

„Klang hören. Stimmen Sie, meine
„Herren, wie Sie wollen, ein Comma hö-
„her oder tiefer. Ein Comma ist kein
„Punkt: Ich habe auch lesen gelernet.
„Ich wiederhohle es meine Herren, der
„Hof will mehr als einen Klang hören.
„Wozu brauchte Serenißimus wohl sonst
„so viele Leute zu bezahlen?"

(VI.)

Ein französischer Prinz, der die Laute
und die Violine spielte, und sich manchesmal mit der Composition beschäftigte, hatte
eine Motette componirt, worüber er das
Urtheil seiner beyden ersten Kammermusiker
verlangte. Die erwählten Richter machten
sich, in Gegenwart des Prinzen, mit der
angenommnen finstern Mine eines Erzdop-
pelcontrapunktisten, der den galanten Haydn
zu Boden schlagen will, über die Partitur
her, und schienen zu wetteyfern, dem Prinzen
Anmerkungen machen zu wollen. Sie über-
trillerten ganz leise bald diesen, bald jenen
Gang; bewegten manchesmal die Hand, als
wenn sie die rhytmischen Füße des Tonstücks
überzählten, nickten aber zum Zeichen ihres
Beyfalls sogleich mit dem Kopf, und fan-

den

den endlich alles vortreflich, bis auf eine Kleinigkeit, die sie des Prinzen erleuchteten Einsichten zu eigener hohen Verbesserung anheimstellten. Der Prinz, welcher wissen wollte, wie weit er sich auf das so schmeichelhafte Urtheil seiner Kammermusiker zu verlaßen hätte, ließ den Königl. Capellmeister Josquin zu sich bitten, übergab ihm seine Motette zur Beurtheilung, und sagte ihm weiter nichts, als daß seine Musiker einen gewissen Ort darinnen getadelt hätten. Er wünschte von der Richtigkeit ihres Urtheils durch ihn überzeuget zu werden. Josquin fieng an zu lesen, und fragte, ob der Ort, den er mit einem Finger bemerkte, gemeinet worden wäre?

Der Prinz. Nein.

Josquin. — — Das wird der Ort seyn, gnädigster Herr.

Der Prinz. Nein.

Josquin. — — Ich werde den Ort gefunden haben. Hier — Monseigneur.

Der Prinz. Nein.

Nachdem das problematische Gespräch noch eine Weile auf ähnliche Art fortgedauert hatte, so ward der Prinz ungeduldig. Er nahm dem Josquin die Partitur aus der Hand, warf sie in den Camin, und sagte: „Der ganze Plunder tauget also nichts."—

Josquin kam etwas aus der Fassung, und bat wegen seiner Freymüthigkeit um Vergebung. „Thut nichts," antwortete der Prinz. „Ihre Freymüthigkeit, mein lie-„ber Josquin, ist mir lieber als das heuch-„lerische Stillschweigen meiner Musker, „wenn es ja die Patronen verstehen. Neh-„men Sie diesen Ring von mir zu meinem „Andenken."

Ich kann nicht unterlaßen, allhier eine poetische Parallele, den Cardinal Richelieu und den Dichter Chapelain betreffend, nebenher beyzubringen. Der Cardinal hatte in Gesellschaft einiger witzigen Köpfe an einem poetischen Schauspiele gearbeitet, und zu seinem Theil über 500 Verse dazu gemacht. Als er Willens ward, das Stück drucken zu laßen, so verlangte er daß Chapelain es zuvor durchsehen, und aufs strengste beurtheilen sollte. Obgleich der Dichter seine Anmerkungen mit aller möglichen Discretion und Ehrerbietigkeit abgefaßet hatte, so ward der Cardinal dennoch entweder durch die Menge derselben, oder durch die Kenntniß, die sie ihm von seinen Fehlern mittheilten, dergestalt aufgebracht, daß er sie zerriß, ohne sie bis zu Ende zu lesen. Indeßen da er in der darauf folgenden Nacht, als alles in seinem Hôtel schlief, seinem darüber

eher geäußerten Unwillen mit etwas kälterm Blute nachzudenken anfieng, so that er etwas, das schätzbarer als die beste Comödie in der Welt war, indem er die zerrißnen Papiere zusammensuchen und zusammenleimen ließ, und nachdem er sie gelesen, der Meinung ward, daß die Akademiker diese Materie besser verstehen müßten als ein Uneingeweyhter, und an den Druck des Stückes nicht weiter dachte.

(VII.)

Ein aus Paris zurück gekommner deutscher Bel esprit speisete mit einem fremden Musiker, der nach Berlin gekommen war, um sich daselbst hören zu laßen, beym Herrn Tacks in der Brüderstraße, in dem Hôtel der Musen *), und da der Musiker auch ehedeßen einige Jahre in Paris gewesen war; so setzte er dem Dichter mit einer erstaunlichen Menge von Fragen zu, um zu wißen, ob der oder jener Virtuose noch lebte, und besonders was diese oder jene Sängerinn oder Tänzerinn machte. Der Dichter, der entweder nicht alle Frage beantworten konn-

*) Ist der vornehmste Gasthof in Berlin, und heißt à la ville de Paris.

konnte oder wollte, und überdem einen guten Appetit zu haben schien, fertigte den zu curiösen Musiker ein für allemal mit folgender Nachricht ab:

Was die und jene macht? — Ein O bey einem Knicks;

Im Sitzen V; im Stehn ein I; beym Gehen X.

Der Musiker lachte, schwieg und überließ es den Erfahrungen des Dichters, die Wahrheit seiner in Paris gemachten sublimen Beobachtungen zu rechtfertigen.

***

(VIII.)

Ein vortreflicher Componist, der die Leidenschaften so vieler tausend Zuhörer durch seine Töne lenken konnte, war so unglücklich, seine eigene nicht in der Gewalt zu haben. Er vergriff sich in der Hitze an einem Geistlichen auf eine unwürdige Art, und wurde dafür vom Wiener Consistorio verdammet, nicht allein vor der St. Stephanskirche im gewöhnlichen Pönitenzrock, mit einer brennenden schwarzen Fackel in der Hand, eine Stunde lang zu stehen, sondern annoch einige Jahre lang auf eine Festung gebracht, und hernach auf ewig aus
den

den österreichschen Staaten verbannet zu werden. Mattheson, der uns diesen Vorfall zuerst erzählet, setzet ihn auf Rechnung des berühmten Francesco Conti, ehemaligen Theorbisten und Componisten am Kayserlichen Hofe; Quanz aber auf Rechnung eines Sohnes von Franc. Conti, den man insgemein Contini zu nennen pflegte, und der nicht weniger geschickt war. Daß es einer von beyden gewesen, ist aus folgendem Sinngedicht auf diese Begebenheit zu ersehen:

Non ea Musa bona est, nec Musica, composuisti
Quam, *Conti*; tactus nam suit ille grauis,
Et Bassus nimium crassus, neque consona clauis.
Perpetuo nigras hinc geris ergo notas.

Die Sache hat sich im Jahre 1730 zugetragen.

(IX.)

Ein Musettenspieler kam zur St. Germanusmesse (Foire de St. Germain) nach Paris, und kündigte durch einen öffentlichen Anschlag an, daß er Concert geben, und

und ihn ein Affe mit der Leyer accompagniren würde. Die Neuigkeit der Sache brachte alle Welt in Bewegung, und da man vorhero sehr vieles von einem im Schachspiel geübten Affen gehöret hatte, so war man um desto begieriger, einen musikalischen Affen kennen zu lernen, und man beklatschte nicht weniger den Affen, der alle Bravos! mit einer Verbeugung erwiederte, als den Künstler. Schon fiengen viele an einer den andern zu versichern, daß der Affe, wo nicht der Teufel selbst, doch wenigstens ein Nuntius von selbigem, und der Müsettist ein Schwarzkünstler seyn müste, als ein Clavierspieler sich einfallen ließ, den Affen zu einer Collation von Bonbons, die er ins Orchester warf, einzuladen. Der Affe war mit samt der ihm angehängten Leyer, in einem Sprung von seinem Tisch herunter. Er warf sich mit unbändigem Appetit auf das ihm hingestreute Naschwerk, und die Musik, um welche sich der Affe nicht mehr bekümmerte, dauerte nichts desto weniger ununterbrochen fort. Dieses veranlaßte den Clavieristen und einige andere Zuhörer, sich über diese Begebenheit eine nähere Erläuterung von dem Müsettisten auszubitten, und man fand, daß die dem Affen angehängte Leyer stumm war, und die klingende

Leyer

Leyer, welche der Musettist unter einem, mit einer Tapete bis auf die Erde herunter bedeckten, Tische befestiget hatte, durch ein Uhrwerk regiert ward, und ein Automat war, wie unsere Flötenuhren in ihrer Art.

(X.)

Ein Geck von Violinisten, der ein Stümper war und sich einem Giornovichi oder Lolli gleich zu seyn dünkte, las in den Zeitungen, daß letzterer bey dem Herzog von Cumberland in einem Haydenschen Quattuor umgeworfen hätte, und spöttelte darüber. „Ich wäre curiös zu wissen," fügte er hinzu, „was das für ein Quattuor mag „gewesen seyn." — Vermuthlich, antwortete ihm ein alter ernsthafter Musiker, eben das Blitzquattuor, worinnen Sie sich allezeit zu verpausiren pflegen. Wenn das nun Ihnen wiederfährt, wie kann man es dem Herrn Lolli übel nehmen?

(XI.)

Ein deutscher Tonkünstler, der sich zum Ausgange des dritten Zehends dieses Jahrhunderts eine Zeitlang in Paris aufhielte, befand

befand sich eines Tages in einer Gesellschaft, wo sehr vieles von dem Unterschied der italienischen, deutschen und französischen Musik gesprochen, und von einem Abbé, der viele Jahre als französischer Legationssecretär am Dresdner Hofe gestanden hatte, der Discurs auf die Chansons gelenket wurde. Derselbe behauptete, daß die Deutschen zwar Oden, aber keine Chansons hätten; daß ihre vermeinten Producte in dieser Art, in Ansehung des Stofs, insgemein von nichts als Tugend, guten Werken, von Trost in Kreuz und Leiden, oder gar vom jüngsten Gericht und vom Tode handelten; daß sie in Absicht auf die poetische Ausführung entweder so gelehrt wären, daß man einen Dechifreur gebrauchte, um sie zu verstehen, oder daß sie so trivial und gassenmäßig wären, daß sie sich wohl in eine Hauptwache oder eine Handwerksbude, aber nicht für edlere Zirkel und artigere Gesellschaften schickten; und daß endlich die Melodien, wenn sie nicht etwan zu künstlich und für Virtuosen von Profeßion gemacht wären, doch selten, solo gesungen, Wirkung thäten, sondern allezeit einen Flügel zur Begleitung gebrauchten. Der deutsche Tonkünstler, der in gewissen Punkten dem Legationssecretär nicht ganz Unrecht geben konnte, (es war

war vor 55 Jahren,) wendete wider die französischen Chansons ein, daß sie in Ansehung ihres Inhalts meistentheils zu schlüpfrig wären, und zu freye Anspielungen enthielten, und wenn hernach das Liedchen aus mehr als einer Strophe bestände, die zweyte und folgenden selten in Ansehung des poetischen Metri mit der ersten Strophe übereinstimmten, indem die Trochäen in Jamben, und umgekehrt die Jamben in Trochäen verwandelt würden. — Was den ersten Punkt betrift, nemlich die freyen Gedanken, erwiederte der Abbé, so halte ich das Lied, wo sich dergleichen finden, desto höher. Das gehört zu den Freuden des Lebens, die ihr Deutschen an euern Tafeln und andern steifen Gesellschaften nicht kennet. Nur muß dieser Stof mit Feinheit und Grazie behandelt werden, so wie ein Chaulieu, Grecourt, Attaignant und hundert andere solches gethan haben. (Bey dieser Gelegenheit geschahen einige Ausfälle auf die deutschen Dichter damaliger Zeit.) Was den Punkt des Metri betrift, so haben Sie Recht, mein Herr. Indessen ist das eine Sache, worüber wir nur allein iudices competentes seyn können, da die französische Sprache die unsrige ist, über deren Eigenschaft kein Fremder urtheilen kann. — So denket kein Franzose mehr, seitdem die Hagedorne, Leßinge, Uze, Gleime, und hundert andere nebst deren Componisten ihnen bekannt geworden sind, ob sich gleich die Melodie ihrer Brünetten, Rondes de Table, Pots pourris ꝛc. der Revolution ihrer Musik ungeachtet, allezeit durch etwas Eigenes und Nationales, sowohl von den italienischen als deutschen Tonstücken dieser Art unterscheidet, und vielleicht allezeit unterscheiden wird.

(XII.)

Von dem französischen Capellmeister Josquin pflegte man zu sagen, daß die Noten thun müßten was er haben wollte, und daß andere Componisten thun müßten, was sie wollten. Auf ähnliche Art sagte man vom Capellmeister Telemann in neuern Zeiten, daß nicht er die Noten suchte, sondern die Noten suchten ihn.

Denkwürdigkeiten
einiger
Musikheiligen.

Eilftes Dutzend.

Eilftes Dutzend

der

musikalischen Denkwürdigkeiten.

(I.)

Man erzählt vom Gabriel Vincent Thevenard, einem vortreflichen Baritonisten, zu den Zeiten des Lully in Paris, daß als er schon sechzig Jahre alt war, und bey einem Schuster einen artigen Pantoffel erblickte, er sich in die Besitzerin desselben sogleich heftig verliebt habe, ohne von solcher jemals gehöret oder sie gesehen zu haben. Er ließ nicht eher nach, als bis er ihren Nahmen und ihre Wohnung entdeckte; worauf er, um die Hand der Schönen zu erhalten, sich an ihren Oheim, einen guten Trinkgesellen, welches Thevenard auch war, wendete und denselben mit etlichen Flaschen Wein zu bestürmen anfieng, welche auch von solcher Kraft waren, daß das Jawort von der Mutter und Tochter erfolgte.

(II.)

(II.)

Als Madame Mara eines Tages auf dem Concert spirituel zu Paris mit unendlicher Grazie sang, so ward ihr Ehemann der Herr Mara gewahr, daß ein neben ihm im Parterre sitzender Officier öfters bravo! ausrief. Der Herr Mara, welcher bey dieser Gelegenheit zeigen wollte, daß er besser italienisch verstände als der Officier, nahm sich die Freyheit denselben zu hofmeistern, und ihm zu bemerken, daß, wenn man einer Virtuosin ein Compliment machen wollte, man nicht bravo, sondern brava sagen müßte. „Ich danke Ihnen für Ihren Un„terricht," antwortete der Officier. „Sa„gen Sie mir aber, mein Herr, woher es „kömmt, daß Sie, da Sie eine Manns„person sind, sich Mara, und nicht Ma„raud *) nennen?" (Zwen sehr geschickte italienische Sänger, die ihre Sprache gut verstehen, haben mich versichert, daß die Bemerkung des Herrn Mara wider alle Gewohnheit ist, und man in Italien sowohl einem Virtuosen, als einer Virtuosin bravo, sowohl in der einzeln als mehrern Zahl, und also weder brava, noch bravi oder brave zuruffet, obgleich weder Antonini

*) Der Aussprache nach Maro.

nini noch Castelli das Wort *bravo* als ein Adverbium, sondern bloß als ein Substantivum oder Adjectivum, aufführet.)

(III.)

Bey Gelegenheit der itzigen musikalischen Heerzüge, da uns fast jeder Postwagen einen neuen Virtuosen bringet, erzählte unlängst jemand, daß einsmals in einer gewissen Residenz Deutschlands ein reisender Musiker angekommen, welcher sich gerne vor Sr. Durchlaucht, habe wollen hören laßen, und sich zu dem Ende bey dem Capellmeister des Hofes gemeldet habe. Um selbigen sofort zu seinem Vortheil einzunehmen, hätte er einige Zeitungsblätter aus der Tasche gezogen, worinnen sein Talent erstaunlich angepriesen, und er für einen Meister aller Meister anerkennt worden wäre. „Bravo!" versetzte der Capellmeister, „ich bin sehr er„freuet, einen so vortreflichen Mann bey „uns zu sehen, der uns gewiß für die vielen „Pfuschereyen, womit wir zeithero heimge„suchet worden, schadlos halten wird. Woll„ten Sie, allerliebster Mann, mir nicht das „Vergnügen gönnen, nur ein paar Sayten „anzurühren, ehe ich Sr. Durchlaucht. Ih-

„re Ankunft melde, damit ich einen desto
„sicherern Bericht von Ihrer Virtu abstat-
„ten kann?" Ungeachtet nun die Probe
der Erwartung des Capellmeisters nichts
weniger als genug that, indem er den größten Stümper vor sich sah, so ließ er dennoch
seine Unzufriedenheit auf keinerley Art merken. Er machte ihm gegentheils nicht allein
ein Compliment, sondern erbot sich annoch,
ihm einen seiner Freunde nachzuweisen, der
ehe er zur Audienz käme, diejenigen Tonstücke, womit er sich hören zu laßen gedächte, mit ihm durchspielen, und ihm hier und
da eine Anmerkung machen könnte, deren
Beobachtung ihm bey seinem Vorhaben
nicht anders als vortheilhaft seyn, und ihm
Ehre machen würde.

(IV.)

Es war im Jahr 1753, da die französische Musik den ersten Stoß bekam, und
einer Seits der Genfer Bürger J. J.
Roußeau theoretisch, und andern Seits
ein italienischer Sänger, Nahmens Caffarelli mit seiner Gesellschaft praktisch gegen
sie arbeitete. Dieser Caffarelli speisete
eines Tages bey dem Generalpächter Herrn
de

de la Popliniere mit einem französischen Dichter, Nahmens Ballot, der ein Bewunderer vom Herrn Rameau war. Caffarelli, der von dem bekannten Rousseauschen Schreiben über die französische Musik ganz voll war, schrie überlaut, daß wenn die Franzosen zeigen wollten, daß sie Geschmack hätten, sie damit den Anfang machen müßten, daß sie dem ihrigen entsagten, und die Musikart seines Landes annähmen. Die Gäste waren über diese wichtige Materie getheilet. Herr Ballot, welcher sich berechtigt hielte, die wankende Partey der französischen Musik aufrecht zu erhalten, fochte nur immer mit schwachen Gründen. Caffarelli antwortete, und Ballot, der keine Gründe zurückgeben konnte, nahm seine Zuflucht zum Schimpfen. Der Italiener blieb ihm nichts schuldig. Kurz diese beyden Leute wurden so hitzig, daß sie sich bey Tische erwürget haben würden, wenn sich die Gäste nicht dazwischen gelegt und sie auseinander gebracht hätten. Sie vertrugen sich aber nicht länger als bis auf den Nachmittag. Sie hatten sich ohne Vorwissen derjenigen, die sie versöhnet hatten, das Wort gegeben, sich an einem gewissen Orte wieder zu finden. Sie fanden sich in der That daselbst ein, und huschten sich dergestalt einander herum, daß der arme Ballot, der kein so guter Fechter als Caffarelli war, verschiedene Stiche bekam. — Tantaene animis coelistibus irae!

(V.)

Ein vornehmer Mann, der die Musik liebte, entdeckte in seiner Nachbarschaft einen jungen Menschen, der auf einer elenden Flöte allerley kleine Tonstücke ganz artig spielte, und sie auf verschiedne Art variirte. Er ward curiös ihn zu sehen, erkundigte sich nach seinen Umständen, und fragte ihn ob er Lust hätte, ein Musiker zu werden. — Sehr gerne, gnädiger Herr, wenn ich könnte. — Der großmüthige Mann empfohl den jungen Menschen einem Meister von der Königl. Akademie der Musik, den er bezahlte, und der junge Mensch ward der geschickte Virtuose Lucas, der nicht eher zu brilliren aufhörte, als bis Blavet erschien. — Der Zug von diesem vornehmen Beförderer der Kunst erinnert mich an einen vom Herrn Grafen von Caylus, der sich auch ein Vergnügen machte, Talente hervorzuziehen. Derselbe fand eines Tages am Rande eines Grabens, einen dicken Bauerlümmel in
tiefen

tiefen Schlaf versenkt, und neben demselben einen Knaben von etwann zwölf Jahren, der mit einem aufmerksamen Blick den Kopf und die Kleidung dieses Menschen betrachtete. Der Graf näherte sich mit einer freundlichen Mine dem Knaben, und fragte ihn, woran er gedächte? — Mein Herr, antwortete derselbe, diesen Menschen vorzunehmen, wenn ich die Zeichnungskunst verstände. — „Da nimm ihn vor," erwiederte der Graf, indem er ihm einen Bleystift und Papier gab. Der aufgemunterte Knabe entwarf seinen Gegenstand aufs beste, und hatte kaum den Kopf vollendet, als der Graf ihn umarmte und sich nach seiner Wohnung erkundigte, um ihn einem Meister der Kunst zu empfehlen, und ihm ein glückliches Loos zu verschaffen.

(VI.)

Die Pariser Opernsängerin, Madem: Arnoult, wurde wegen ihrer Nachläßigkeit im Dienste, von der Direction sehr oft mit dem Abschiede bedrohet, und da sie sich nicht besserte, ihr solcher in der That eines Tages zugeschickt. Sie saß just vor ihrer Toilette als sie ihn empfieng. Da sie die ihr zu Theil ge-

gewordne Pension ihren Verdiensten um das Theater nicht proportioniret fand, so hob sie voller Unwillen ihren Unterrock in die Höhe, hielte sich mit gesenkter Hand einen Spiegel vor, und redete das in selbigem figurirende Bild mit folgenden Worten an: „Après tant d'années de services, quel con — quel congé!"

(VII.)

Lully ließ im Jahre 1686 wegen der wiedergestellten Gesundheit des Königs, Ludwigs des XIVten in einer Kirche ein *To Deum laudamus* aufführen, und da er mit dem spanischen Rohre den Takt gab, so war er in seinem Amtseyfer, (den die Ungeschicklichkeit der damaligen Sänger und Spieler sehr vergrößerte,) so unglücklich sich mit selbigem am Ende des Fußes einen empfindlichen Stoß zu geben. Alliot, sein Medicus rieth ihm sich sofort die kleine Zehe abschneiden zu lassen. Er sträubte sich und einige Tage darauf wollte man den Fuß und endlich gar das ganze Bein abnehmen. Mittlerweile erschien vor seinem Bette ein Empiriker, welcher sich erbot, ihn ohne die geringste Amputation zu heilen, wofür demselben

selben von dem Herzog von Vendome, im Fall einer glücklichen Cur, eine Belohnung von 2000 Pistolen *) versprochen ward. Als diese Cur aber nicht anschlagen wollte, so schickte Lully nach dem Beichtvater, der, nachdem er ihm über seine bisherige theatralische Beschäftigungen eine starke Predigt gehalten, ihm erklärte, daß woferne er nicht zur Bereuung derselben eine unter Händen habende Oper Achilles und Polyxena vor seinen Augen ins Feuer würfe, er keine Absolution zu hoffen hätte. Nach einer kleinen Ueberlegung faßte sich Lully, und zeigte mit den Fingern nach einer kleinen Commode hin, in welcher die aufs sauberste copirten Stimmen der neuen Oper verwahret lagen. Diese gab er dem Feuer Preiß, womit der Beichtvater zufrieden war und weggieng. Lully befand sich hierauf besser; und da man glaubte, daß er außer Gefahr wäre, so bekam er einen Besuch von einem Prinzen, der ein großer Freund seiner Werke war. „Wie nun, Baptist? sagte derselbe „zu ihm. Ich höre, daß du deine neue „Oper ins Feuer geworfen hast. Par„bleu! du bist toll gewesen, daß du dich von
einem

---

*) Eine französische Pistole ist eine erdichtete Münze, welche zehn Livres gilt.

„einem irren Janseniſten, haſt ſo weit ver-
„leiten laſſen." — Stille ſtille! mein
Prinz, antwortete Lully; ich wußte ſchon
was ich that. Ich habe noch eine Abſchrift
davon liegen. — Indeſſen griff ihn die
Krankheit aufs neue an, und Lully ſtarb den
22ten März 1687 im 54ten Jahre ſeines
Alters. Er hinterließ in ſeiner Chatoulle
ſechsmal hundert tauſend Livres an
purem Golde. — Wenn die Franzoſen,
gleich den Engelländern, die Talente großer
Künſtler aufrichtig ſchätzen, ſo werden ſie
nicht ermangeln, im Jahre 1787, das hun-
dertjährige Andenken des ehemaligen Lieb-
lingscomponiſten der ganzen Nation,
wenn ſich auch der Geſchmack geändert hat,
mit den erleſenſten Tonſtücken aus ſeinen eigenen Werken zu feyern.

(VIII.)

Demjenigen, der etwann einmal das
Waltherſche muſikaliſche Lexicon zu ver-
beſſern unternimmt, dienet zur Nachricht,

1) daß

1) daß der letzte Artikel des Buchstaben Q ganz falsch ist, und niemals ein französischer Musiker Nahmens *Quouance* in der Welt existiret und Duetten für die Flöte herausgegeben hat. Johann Joachim Quanz befand sich im Jahre 1726 in Paris, und communicirte einem seiner Freunde einige aus Italien mitgebrachte Flötenduetten, deren Autor auf dem Titelblatte nicht benennet war. Ein Notenhändler bat sich selbige von diesem Freunde aus, und ließ sie, um sie durch den vorgesetzten Nahmen eines berühmten Virtuosen zu empfehlen, und in Lauf zu bringen, unter dem Nahmen des Herrn Quanz drucken, den er aber, nach Gewohnheit seiner Landsleute, verstümmelte und in *Quouance* veränderte.

2) Daß die unter dem Nahmen Zipoli angezeigten musikalischen Werke nicht von einem Italiener, Nahmens *Zipoli*, (vielleicht ist niemals ein Musiker dieses Nahmens in der Welt gewesen,) sondern von einem geschickten französischen Organisten, Nahmens *Corette*, sind, der sich des Nahmens eines Italieners bediente,

bediente, um seinen Sachen einen desto bessern Absatz zu verschaffen, weil schon um diese Zeit der italienische Geschmack hin und wieder beliebt zu werden anfieng.

(IX.)

Die beyden großen Virtuosen Giornovichi und Lamotte *) ließen sich auf dem Concert spirituel zu Paris mit ihren entzückenden Tönen hören. Jeder von ihnen übertraf sich an diesem Tage; alle Welt klatschte ihnen Beyfall zu, und doch war Giornovichi nicht zufrieden. Er glaubte, daß Lamotte den Sieg über ihn erhalten hätte, und gab unter andern dem Herrn Baron von Bagge sein Mißvergnügen über seine vermeinte Niederlage zu erkennen. „Parbleu! „du rasest, Freund Giornovichi, versetzte „der Baron. Du hast ja gespielet wie ein „Engel, und es kann nicht schöner gespielet „werden." Giornovichi fuhr fort, über sich selbst zu brummen, und der Baron ihm

Muth

*) Der Herr Lamotte war aus Wien gebürtig, und ist vor einigen Jahren in Holland gestorben,

Muth zuzusprechen. Als keine Gründe bey ihm etwas verfangen wollten, so glitschte ihm der Baron eine Rolle mit Louis in die Hand, und sagte ihm ins Ohr: „Sey still, „Giornovichi. So oft du mit Lamotten „im Concert spirituel zusammen spielen, „und ein Papier wie dieses von mir erhalten „wirst, so kannst du allezeit versichert seyn, „daß du ihn übertroffen hast. Guten „Abend also, und besuche mich morgen."

(X.)

Der Hr. Capellmeister Graun wurde von seinem König nach Italien geschickt, um geschickte Sänger und Sängerinnen für das berlinsche Theater anzuwerben. Als er sich in dieser Angelegenheit in Neapel befand, und eines Tages von einem daselbst etablirten deutschen Banquier zu einem Concert eingela-

ben, wohin er aus Engelland geflüchtet war, nachdem er so glücklich gewesen, bey Gelegenheit des durch den bekannten Lord Gordon erregten Aufstandes in London, während welchen einige Gefängnisse von dem Pöbel erbrochen wurden, aus einem Schuldthurm zu entkommen, in welchen er gewiß nicht wegen seiner Vertu hineingerathen war.

geladen ward, so erzählte ihm dieser, daß ein gewisser Italiener von der Partie seyn würde, der die Gewohnheit hätte sich bey jeder Gelegenheit über ausländische Sänger, besonders über die deutschen, aufzuhalten. Er wünschte gerne, daß derselbe einmal für sein böses Maul bezahlet würde. Währendem Concert sah sich der Italiener nach jemanden um, mit welchem er ein Duett singen könnte. Der Banquier wieß ihn an den Herrn Graun, der nach einer kleinen Weigerung seine Stimme übernahm. Graun sang zuvörderst seine Stimme ganz simpel weg, ohne solche, wo er vorangieng, mit andern Manieren als den vorgeschriebnen auszuzieren, und wo er nachfolgte, andere als die seines Vorgängers aufs pünktlichste nachzumachen. Als aber der erste Theil wiederhohlet ward, ermangelte er nicht hin und wieder kleine Setz- und Singmanieren auf eine feine Art hinzuzuthun, und der Italiener, der sie nachmachen wollte, fieng an zu stolpern. Graun fuhr fort, die natürliche Annehmlichkeit seines Gesanges durch Hülfe der Kunst zu erhöhen, und der immer mehr und mehr in Verlegenheit gerathende Italiener sah sich verbunden, seinem Gegner das Feld zu räumen. Er bat die Gesellschaft um um Vergebung, daß er seine Stimme aufgäbe, und behauptete daß sein Contrasänger ein Teufel seyn müßte, mit welchem er es nicht aushalten könnte. „Kein Teufel," versetzte der Banquier; „es ist ein Deut„scher." — Was? ein Deutscher? „Ja „ein Deutscher, und zwar der Capellmeister „des Königs von Preußen." — Ja das hätte man mir vorher sagen sollen. Ich habe wohl öfters die Geschicklichkeit der deutschen Sänger in Zweifel gezogen, aber niemals die des Königl. Preußischen Capellmeisters.

(XI.)

In Paris giebt es verschiedne Straßen von besonderer Bedeutung*), worunter auch die *rue des beaux champs*, die *des petits champs*, und dieser letztern gegenüber *la place*

des

---

*) Zum Exempel rue de chasse-midi, du bon pasteur, du pet au diable, des bons enfans, aux ours, de l'arbre sec, des quatre fils, des blancs manteaux, des francs bourgeois, de la perle, de la Tonnellerie, de la Verrerie, de la croix blanche, des poissonniers, de la ferronerie, du chaume, haute-feuille, paradis, u. s. w.

des victoires gehören. Als in einer Gesellschaft die Rede davon war, in was für Straßen diese oder jene in ihrer Kunst sich auszeichnenden Meister wohnen sollten, so fragte ein Piccinist einen Gluckisten, wo er den Herrn Gluck hinsetzen würde. — „In die Straße *des beaux champs*,*) antwortete derselbe, und den Herrn Piccini können Sie ohne Gefahr in die Straße *des petits champs* **) bringen." — Der Piccinist erwiederte: Sie haben Recht, denn die Straße des petits champs führet gerade nach dem **Platze der Siege** (place des victoires) hin.

(XII.)

Der im Dienste des Königs Stanislaus von Pohlen, als Concertmeister zu Lüneville gestorbne **Baptist**, war ehe Leclair und Mondonville in Paris erschienen,

---

*) In der Aussprache einerley mit beaux chants (schöne Gesänge).

**) In der Aussprache einerley mit *petits chants* (schlechte Gesänge.)

nen, und einen andern Geschmack einführten, der erste Violinist daselbst, und eben so närrischen Capricen unterworfen, als Marchand, mit welchem er zu gleicher Zeit blühete. Ein gewisser Marquis hatte ein Concert angestellet, und wünschte ihn dabey zu haben. Er ließ ihn sehr höflich darum ersuchen, allein Baptist kam nicht. Der Marquis fuhr endlich selbst zum Baptist, den er am Camine seines Wirths mit vieler Sorgfalt eine Schöpskeule braten sah. Baptist entschloß sich zwar zum Concert zu fahren; jedoch mit der Bedingung, daß der Marquis so lange den Bratspieß umdrehen sollte. So lächerlich der Antrag war, so ließ es sich dieser dennoch gefallen. Indessen säumte der Marquis nicht, sobald Baptist sich in die Kutsche gesetzt hatte, in einem Miethswagen nachzufahren, um das Vergnügen zu haben, ihm hinter einem Schirme versteckt zuzuhören. Sobald aber Baptist seine Geige wieder einpackte, so fuhr der Marquis geschwinde voran, um auf den ihm empfohlnen Braten acht zu geben. Er dankte dem Baptist mit vieler Höflichkeit für seine Bemühung, machte ihm ein Geschenck, und

und freuete sich daß Baptist mit dem Braten zufrieden war, für welchen der gefällige Wirth unterdessen Sorge getragen hatte.

Denkwürdigkeiten
einiger
Musikheiligen.

Zwölftes Dutzend.

Zwölftes Dutzend
der
musikalischen Denkwürdigkeiten.

(I.)

Ein holländischer Trompeter, welcher auf dem Vorgebürge der guten Hofnung bey Constantia auf einer Hochzeit gewesen war, und zu viel Wein zu sich genommen hatte, sahe sich verbunden auf dem Rückwege nach Cape Halte zu machen, und schlief ein. Ein Tygerwolf, welcher seine Spur witterte, lief auf ihn zu, und faßte ihn beym Oberrock um ihn fortzuschleppen. Zu allem Glück erwachte der Trompeter, der wie er die Gefahr sah, worinnen er war, in die Trompete stieß und Lärm machte. Der Tyger ward dadurch so sehr erschrecket, daß er Reißaus nahm, und der nüchtern gewordne Trompeter entwischte glücklich.

(II.)

(II.)

Die Mademoiselle St. Huberti, erste Opersängerinn zu Paris, sang eines Tages weniger schön als gewöhnlich, dergestalt daß einige Pfeiffen in Aetivität gesetzt wurden. Die Mademoiselle Arnoult ihre Rivalin ergriff diese Gelegenheit, von ihr zu sagen: C'est le plus beau jour de la St. Huberti, car elle est f - - rue.

(III.)

Man führte zu Paris eine neue Oper auf, die nicht besondern Eindruck machte. Als solche den Tag darauf wiederhohlet ward, und die Versammlung nicht so zahlreich als das erste mal war, welches unter den Acteurs eine Art von Bewegung zu veranlaßen schien, so sagte jemand: Verlegenheit in den Coulissen, Verlegenheit im Orchester, Verlegenheit in den Balletten, überall Verlegenheit, ausgenommen am Eingang.

(IV.)

(IV.).

Folgendes Lobgedicht vom Herrn Laporte, einem Organisten in Paris, auf den berühmten Herrn Calviaire, einen Schüler des vortreflichen Franz Couperin, und ersten Hoforganisten, verdienet überall aufbehalten zu werden.

Savant compositeur de l'auguste harmonie,
Dont tu fais rétentir tant de temples sacrés,
Calviaire, enseigne moi quel rapide génie
A pû te faire atteindre à de si hauts degrés.

Lors que j'entends les sons que ta main fait éclorre,
Je me crois transporté dans la céleste cour,
Où les Saints inclinés à l'Etre que j'adore,
Par des chants éternels témoignent leur amour.

Rien

Rien ne peut t'arrêter dans ta no-
    ble carrière,
Tu franchis aisément les sentiers épi-
    neux,
Et tu sais à propos repandre la lu-
    mière
Sur tout ce que ton art a plus de té-
    nèbreux.

Quelquefois un dessein, tout simple
    en apparence,
Par des tours inconnus savamment re-
    levé,
Sous tes doigts, secondés de ta haute
    science,
Devient en un instant un ouvrage a-
    chevé.

La *Fugue*, ce morceau si vaste & si
    sublime,
A ton génie heureux semble ne rien
    couter,
Et les pompeux accords dont ta verve
    l'anime,
Au sujet sans effort viennent se pré-
    senter.

En

En touchant un *Duo*, l'éclat des batteries
De tes chants distingués augmente l'a‑
grément,
Et l'esprit enchanté de tes vives sail‑
lies
Est souvent élevé jusqu'au raviſſe‑
ment.

Tu sais d'un *Quattuor* ménageant la conduite
Par des traits imprevûs charmer tes auditeurs;
La science profonde et ton rare mé‑
rite
Font de tes envieux autant d'admira‑
teurs.

(V.)

Unglücklicher Ricci, dein Schickſal ver‑
diente bedauert zu werden, und die Muſen
ſelbſt würden Cypreſſen auf dein Grab ſtreu‑
en, wenn dein muſikaliſches Talent die Ei‑
ferſucht eines Nebenbuhlers wider dich be‑
waſnet, und die Wuth deſſelben dich bis ins

Orthester verfolget hätte. Allein — du wateſt aus deinem Zirkel herausgegangen; du wollteſt ein Staatsmann werden, und am Hofe figuriren; du ſuchteſt dich zu hohen Würden hinauf zu ſchwingen; du wollteſt die wichtigſten Landesangelegenheiten anordnen, wozu du weder Kopf noch Erfahrung hatteſt; du machteſt chimäriſche Entwürfe, und ſetzteſt das Wohl der ſchottiſchen Staaten dem Intereſſe des römiſchen Stuhls nach; vereinigteſt Bosheit und Tücke mit Geitz und Habſucht; ſpanneſt Intriguen an, brüſkirteſt die Edlen des Landes, ſuchteſt ſie zu verbannen und dich ihrer Güter zu bemächtigen; überhobeſt dich der Gnade, worinnen du bey der Königinn ſtandeſt; mißhandelteſt das Land das dir Brod gab, wareſt ſtolz, hart, und hatteſt nicht einmal Klugheit genug, den wohlgemeinten Rath eines Melvil *) zu nutzen, ſetzteſt die Ehrfurcht hindan,

*) Melvil hatte zu der Zeit, als Ricci im höchſten Anſehen ſtand, das Vertrauen der Königinn in dem Grade, daß ſie ihm befahl, ſie von den Fehlern, die ſie begehen könnte, zu benachrichtigen. Darauf ſtellte er ihr den Nachtheil vor, den ſie davon hätte, und in der Folge noch mehr haben würde, daß ſie den Ricci mit ſo vielen Gnadenbezeugungen überhäufte. Die Königinn antwortete, daß ſie ihre Gnadenbezeugungen nicht nach dem Gutbefinden ih-
rer

hindan, die du deinem König schuldig warest; vermehrtest den Haß der Großen und des Volks gegen deine Königinn durch deine vertrauliche Airs mit ihr; handeltest ohne Ueberlegung und Grundsatz in allen Dingen; ergriffest endlich, da der kühne Rächer des Unrechts des Volks den Degen wider dich zog, als ein feigherziger Mensch mit zitternden Händen den Rock der Königinn, um dich zu schützen. — Unglücklicher Liebling einer unglücklichen Königinn, wer kann sich ohne Unwillen deiner scheltenswürdigen Handlungen erinnern!

(David Ricci war aus Turin gebürtig, und kam als Musiker, im Gefolge des savoyschen Gesandten Grafen von Moretto, nach Schottland. Einige Scribenten machen

ter Unterthanen zu reguliren gemeinet wäre. Melvil ließ es hierbey nicht bewenden, sondern suchte dem Ricci selbst begreiflich zu machen, wie sehr er die Großen des Landes dadurch indisponirte, daß er den Credit, den er bey der Königinn hätte, misbrauchte und so öffentlich zu erkennen gäbe. Er schien auf diese Warnung einigen Bedacht zu nehmen; allein einige Tage nachhero erzählte er dem Melvil, daß ihm die Königinn befohlen, nach wie vor mit ihr umzugehen, und sich über alles wegzusetzen. — Die Königinn, von welcher die Rede ist, war Maria, Tochter Jacobs des VIen, aus dem Hause Stuart, letzte Königinn von Schottland, welche im Jahre 1587 enthauptet ward.

machen ihn zu einem Baßsänger, und andere zu einem Lautenisten. Vielleicht war er beydes, wiewohl er vermuthlich ein geschickterer Sänger, als Lautenist mag gewesen seyn, indem er, mit Genehmigung des Gesandten, in der Capelle der Königinn als Sänger in Dienste genommen ward. Da ihm sein Talent öfters das Glück verschafte, die Königinn zu sehen und zu sprechen, so bediente er sich dieser Gelegenheit, sich bey ihr einzuschmeicheln, und man sahe alle Tage seinen Credit steigen. Ja da der Secretär der französischen Staatskanzley vom schottischen Hofe nach Frankreich verschicket ward, so wurde Ricci erwählet währender Abwesenheit desselben seinen Dienst zu versehen. Von diesem Zeitpunkte an brachte er es so weit, daß alles durch seinen Canal bey Hofe verfüget ward; und dieses dauerte so lange bis der König sich mit dem Grafen von Morton und einigen andern Freunden über die Mittel, den Ricci los zu werden, zu berathschlagen anfieng. Sein Tod ward beschlossen, und der Ritter Douglas stieß ihn in dem Zimmer der Königin an ihrer Seite nieder. Man sehe die Histoire d'Angleterre par *Rapin Thoyras*, Tom. VI., ingleichen des Buchanans rerum scoticarum lib. 17, und andere Scribenten.)

(VI.)

(VI.)

Ein dem Andenken des verewigten Hrn. Moses Mendelsohn gewidmetes Sinngedicht gehöret so gut in ein musikalisches als philosophisches Denkbuch. Man weiß, daß er so gut als sein Freund Sokrates, der annoch im späten Alter die Musik erlernte, die Theorie derselben inne hatte, und sein Versuch *), eine vollkommen gleichschwebende Temperatur durch die Construction zu finden, wird allezeit ein rühmliches Denkmal seiner sowohl mathematischen als musikalischen Einsichten bleiben. *Molliter ossa cubent!*

Als Mendelsohn in Himmel kam,
Und ihn der Vater Abraham
Entzückt in seine Aerme nahm,
Sah Sokrates den neuen Engel blitzen.
Er kam und gab ihm seinen Kuß,
Und sprach: Mein Vater, auch ich muß
An meines Bruders Seite sitzen.

(VII.)

*) Man sehe Marpurgs historisch-kritische Beyträge V. Band. 2tes Stück. Herr Kirnberger hat nach der Zeit dieses Werk besonders drucken laßen.

(VII.)

Als der Herr Letourneur, ein geschickter Clavierist zu Versailles, die Prinzeßinnen Töchter Ludwigs des XVten auf dem Flügel unterrichtete, machte ihm der Herr Abbé de l'Attaignant folgendes Compliment darüber:

Favori du Dieu de Permesse,
Et dès la plus tendre jeunesse
Elevé, nourri dans sa cour,
Dont chaque Muse tour à tour
Se chargea d'être la Maitresse,
Reconnois leurs soins bienfaisans.
Ces savantes enchanteresses
Sans doute prevoyoient le tems,
Où tu formerois les talens
De nos adorables Princesses.
Oui ce sont-elles qui t'ont mis
Dans la plus aimable des places.
Puisque c'est toi qui les instruis,
Tu peux dire: je montre aux Graces
Ce que les Muses m'ont appris.

(VIII.)

Zur Lebensgeschichte der Signora Cuzzoni. Diese vortrefliche Sängerinn äußerte von ihrem eilften Jahre an einen unüberwindlichen Hang, das männliche Geschlecht näher kennen zu lernen. Eine Dame von Stande, in deren Nachbarschaft sie wohnte, hatte einen jungen Mohren von etwann funfzehn Jahren in ihrem Dienste. Als dieser eines Tages zu jemanden in das Haus geschicket ward, wo die Cuzzoni wohnte, so invitirte sie ihn in ihr Zimmer, wo sie just allein war, und verlangte von ihm zu wissen, ob er überall so schwarz wäre als im Gesicht. Der Mohr war so gefällig, sich ihr mit seinen Nuditäten darzustellen; und da er gegentheils verlangte zu wissen, ob sie überall so weiß wäre als im Gesicht, so säumte sie keinen Augenblick seinem Exempel zu folgen.

Als sich diese Sängerinn einmal etliche Monate zu Paris aufhielte, so schickte sie zweyen vorbeygehenden Capucinern von guter Mine ihren Bedienten nach, mit dem Befehl die beyden Gottesmänner zu ersuchen, eiligst zu ihr zu kommen, und einer trostlosen Kranken beyzustehen. In eben demselben Augenblick ließ sich ein Graf bey ihr melden. Sie ließ aber seinen Besuch für diesesmal unter dem Vorwand verbitten, daß der Flügelaccompagnateur bey ihr wäre, und sie ihre Singübungsstunde hätte. Der Graf, der die Gewohnheiten der Cuzzoni schön kannte, ward neugierig den Accompagnateur kennen zu lernen, und hielte sich deswegen bey einem gewissen Cavalier von seiner Bekanntschaft auf, der in eben demselben Stock der Cuzzoni gegen über wohnte. Anstatt des Accompagnateurs aber sahe er zwey wohlgemästete Capuziner aus dem Zimmer der Cuzzoni kommen, und hörte, daß sich der eine gegen den andern über die zu große Lebhaftigkeit derselben mit den Worten verwunderte: „Das ist ja eine wahre „Teufelin. Sie wollte bey dem Absolvo „aus der Haut fahren."

Zur Zeit, als sie sich in London aufhielte, befand sich daselbst ein junger fertiger Violinist, Nahmens Gählert, aus Schlesien gebürtig, der nachher als erster Violinist vom König Stanislaus in Dienste genommen ward, und da er den Hof verließ, im Jahre 1747 von Limeville nach Straßburg gieng, und die Direction des dasigen wöchentlichen Concerts übernahm. Als die Cuzzoni eines Tages in einem Privatconcert bey einem gewissen Mylord den Herrn Gählert in die Augen kriegte, so gefiel er ihr dergestalt, daß sie ihn unter großen Versprechungen ersuchte, ihr bey ihren musikalischen Uebungen zu assistiren, und sich den andern Morgen mit seiner Violine zu ihr zu bemühen.

Gählert

Gäßlert erschien zur festgesetzten Stunde. Die Cuzzoni aber war noch in ihrem Bette und sang eine Arie, die sie sich auf einem vor sich habenden Reiseclavier selber accompagnirte. „Guten Morgen, junger Herr, „wie gefällt Ihnen dieses Orchester?" — Vortreflich, Signora. — „Aber doch aufrichtig, meinen Sie nicht, mein Lieber, daß es besser wäre, wenn wir das Clavier auf die Seite räumten?"

(IX.)

Es war eine Zeit, da der berühmte Genfer Philosoph, Johann Jacob Rousseau von nichts als Notenschreiben lebte, so wie Spinoza ehemals vom Glasschleifen. Die Taxe davon hatte er auf etwas sehr weniges, nemlich zwey Sols für eine Duodezseite, vier für eine in Quarto, und sechs für eine in Folio gesetzet, und war so gewissenhaft in diesem Stücke, daß, da der Graf von Clermont, ein Prinz vom Geblüt, für welchen er einige Galanteriestücke componirt hatte, sich ihm für seine Mühe erkenntlich zeigen wollte, und nicht wußte, wie er es damit anzufangen hätte, man diesem Herrn den Rath ertheilte, den Herrn Rousseau ei-

nige

nige Musikalien copiren zu laſſen, und dieſe Gelegenheit zu ergreifen, ihm ſeine Großmuth zu bezeugen. Der Prinz folgte dieſem Rathe, und ſchickte dem Herrn Rouſſeau einige Tonſtücke zum Abſchreiben. Als dieſer damit fertig war, ſo ließ der Prinz, der nur einen Vorwand hatte haben wollen, ſeine Erkenntlichkeit zu beweiſen, ihm fünf und zwanzig Louisd'or zuſtellen. „Man ſcherzet mit mir," verſetzte Rouſſeau gegen denjenigen, der ihm ſolche im Nahmen des Prinzen einhändigte. Darauf nahm er nur einen einzigen Louisd'or, wovon er noch die Hälfte wieder herausgab, ſchickte den ganzen Reſt zurück, und wollte nicht weiter davon reden hören.

(X.)

Ein großer Freund der dramatiſchen Muſik hatte der Vorſtellung einer neuen Oper zu Paris beygewohnet, und kam ſehr übel aufgeräumt zu Hauſe, welches ſeine Dame, eine Frau von Verſtande, veranlaßte ihn zu fragen: ob er das Unglück gehabt hätte, an dem Roland Vergnügen zu finden? (Die Oper Roland iſt vom Herrn Piccini componiret worden. Vermuthlich war die Dame eine Gluckiſtin.)

(XI.)

(XI.)

Ein junger Flötenist zu Paris, Nahmens Beauvit, Schüler vom Herrn Naudot, wohnte bey einer gewissen Madame Conver in einer Stube nach dem Hofe zu. Als derselbe eines Tages in einem Concerte, zu welchem er gehörte, wider seine Gewohnheit sehr lange auf sich warten ließ, so ward der Concertdirector ungeduldig, und fragte die andern Musiker, wo denn der Herr Beauvit wohl stecken möchte? „Wo anders," antwortete ein Abbé „als in der Hin-„terstube der Madame Conver?" (au cul de Mad. Conver?)

(XII.)

Der Königl. französische Kammermusiker in Versailles, Herr Guillemain, der zu den Zeiten der Herren Leclair, Guignon, Mondonville nnd Cupis, in Frankreich figurirte, und sich so sehr durch sein vortrefliches Spiel auf der Violine, als durch seine bizarren Compositionen auszeichnete, ward hypochondrisch, und fieng an über das nach diesem Leben ihn erwartende Schicksaal sich allerhand Grillen in den Kopf zu setzen. Ein Abbé, mit welchem er sich einsmals über diesen Gegenstand unterredete, suchte ihn hierüber vernünftig zu belehren, und zugleich seine heitere Laune wieder herzustellen. Da er aber merkte, daß seine Argumente nicht vielen Eindruck auf ihn machten, so veränderte er den Ton, und sagte zu ihm, daß, da man nirgends läse, daß in der Hölle Musik wäre, wohl aber im Himmel, man in der Hölle nicht wissen würde, was man mit ihm anfangen sollte, und daß er folglich, wenn er auch nicht wollte, nach dem Himmel würde gewiesen werden. Indessen nahm nach und nach die von seinem vielen Nachdenken und Sitzen erzeugte Hypochondrie dergestalt zu, daß er, so wie die vortreflichen Artisten, **Franz Couperin, Senailler, Lucas** und **Veracini**, derselben zuletzt unterlag.

Denkwürdigkeiten

einiger

Musikheiligen.

Dreyzehntes Dutzend.

Dreyzehntes Dutzend

der

musikalischen Denkwürdigkeiten.

(I.)

Auf einem maskirten Ball begegneten sich zwey Personen, wovon die eine einen passablen Buckel hatte. „Wie theuer diese Leyer?" fragte die andere, indem sie auf den Buckel derselben einen treuherzigen Schlag versetzte. Die Bucklichte verzog keinen Augenblick aus der aeolischen Tonart mit einem besondern Laut zu antworten, der nicht aus der Kähle zu kommen schien, und fügte hinzu: „Wenn Ihnen, schöne Maske, dieser Ton gefällt, so wollen wir um den Preis schon fertig werden.

(II.)

(II.)

Annoch in den Vierzigern dieses Jahrhunderts schien, wo nicht den französischen Opersängern, jedoch vielen Zuhörern, ein mit Dehmungen und Läuffern durchgearbeiteter, und hin und wieder mit chromatischen Intervallen ausgeschmückter Gesang, den nicht jedermann sogleich mitsingen und behalten konnte, ein schwerer, unverständlicher und unnatürlicher Gesang zu seyn. Da nun Rameau in seinen Opern öfters eine Passage von dieser Art wagte, so kam auf Veranlaßung der an einen ehrbaren, syllabischen und meistens in bloßen Viertheilen einherschreitenden diatonischen Gesang gewöhnten Lullyaner, welche damals annoch Parterre und Logen ziemlich besetzt hielten, folgendes Epigramm zum Vorschein:

> Oui, si le difficile est beau,
> C'est un grand homme que Rameau.
> Mais si le beau par avanture
> N'étoit que la simple nature,
> Dont l'art doit être le tableau:
> Le petit homme que Rameau!

Ja, heißet man das Schwere schön,
So muß man Rameau's Kunst erhöhn.
Doch wenn das Schöne nicht das Schwere,

Nein

Nein, sondern die Natur nur wäre,
Und bloß die Kunst ihr Conterfey:
Dann seht, wie klein doch Rameau sey!

Was würden diese Kritiker sagen, wenn sie die itzige Revolution der französischen Musik zu erleben das Glück gehabt hätten, da man in den kleinsten komischen Operetten schwerere Arien singet, als damals auf der großen lyrischen Bühne vorkamen.

(III)

Wenn es wahr ist, was man von einem Flötenspieler, Nahmens **Canus**, der in der zweyten Hälfte des ersten Jahrhunderts lebte, erzählet, nemlich daß er sich gerühmet habe, wie er mit seiner Musik machen könnte, sowohl was seine Zuhörer von ihm verlangten, als was er wollte, so war er in der That ein Narr, dessen Virtuosenstolz gedemüthigt zu werden verdiente. Vermuthlich geschah es auch in dieser Absicht, daß der Kayser **Galba**, vor dem er sich hören ließ, ihm nicht mehr als ungefähr einen halben Gulden nach unserm Gelde schenkte, nachdem der Tonkünstler in Hofnung eines großen Fangs, so wie es zu den Zeiten des Nero zu geschehen pflegte,

viel-

vielleicht schon ein halb hundert Goldstücke in dem größten Wirthshause zu Rom verzehret hatte.

(IV.)

Rußische Jagdmusik. Rußland hat nicht allein die Ehre, eine Musikart erfunden zu haben, die nirgends vorher in der Welt existiret hat, sondern annoch die, zur Zeit sie ganz allein zu besitzen, indem sie noch nirgends nachgeahmt und eingeführet worden ist. Der Grund davon lieget ohne Zweifel in nichts anderm als in der Kostbarkeit der Unternehmung, und dem Mangel der Gelegenheit, sie an ihrem wahren Bestimmungsorte gebrauchen zu können. Da wir folglich in unsern Gegenden mit selbiger noch nicht bekannt sind, so ist es kein Wunder, daß unsere Pindaristen sich noch nicht mit ihr beschäftigt haben. Gewiß ist es, daß die Sänger des alten Griechenlands sie zum Gegenstande ihrer Muse würden genommen, und die Fabeln eines Orpheus und Amphion darüber vergessen haben. Aber die Erfindung derselben war unsern Zeiten, und in selbigen einem Naryschkin vorbehalten. Der Hauptcharacter dieser Musikart aët. ist, daß es in selbiger nicht auf die Kunst zu spielen, sondern auf die Kunst zu pausiren ankömmt, und daß kein Musiker für sich allein dazu hinlänglich ist, sondern zu ihrer Ausführung mehrere Subjecte erfordert werden. Ich will die neuesten und zuverläßigsten Nachrichten davon zusammenziehen.

Die rußischen Jäger haben sich allezeit eines meßingenen Jagdhorns bedienet, welches die Figur eines geradeaus lauffenden, oder auch etwas parabolisch eingebogenen Kegels hatte, und nicht mehr als einen einzigen Ton von sich gab. Als der Herr Hofmarschall Semen Kirilowicz von Naryschkin im Jahre 1751 zum Oberjägermeister ernennet ward, so hieng es von ihm ab, dieses Instrument beyzubehalten, oder die in andern Ländern gewöhnlichen Jagd- oder Waldhörner, worauf man eine Menge verschiedner Töne haben, und also einen musikalischen Gesang hervorbringen kann, bey seinem Corps einzuführen. Da er indessen Bedenken trug, die an dem Alterthum klebenden Vorurtheile gewisser Leute zu beleidigen, so entschloß er sich zwar, das alte monotonische Jagdhorn beyzubehalten, aber zugleich auf ein Mittel zu denken, solches musikalisch zu machen, und vermittelst

telst dieses Umstandes eine bis dahin in Absicht auf die Execution, unbekannte Musikart hervorzubringen. Da alle Jagdhörner von einerley Größe und einklängig waren, so gieng seine erste Bemühung dahin, solche nach den mathematischen Verhältnissen der Töne von verschiedner Größe verfertigen zu laßen. Dieses geschah unter der Aufsicht eines geschickten Waldhornisten aus der Kayserl. Capelle, des Hrn. Mardsch, eines Böhmen, dem der Herr von Naryschkyn als ein gelehrter Kenner der Musik seine Ideen darüber mitgetheilet hatte. Itzo kam es darauf an, die nunmehro in Ansehung der Tonhöhe unter einander verschiednen, obgleich für sich allein einklängigen Instrumente, zur Ausführung einer zusammenhängenden Melodie geschickt zu machen, und das war der schwerste Artikel. Indessen wurde auch dieser Knoten aufgelöset. Es wurden Zeichen erfunden, um den Augenblick anzudeuten, wann jeder Jäger in sein Horn stoßen sollte; Zeichen, wie lange er seinen Ton halten sollte; Zeichen wann er wieder schweigen und wie lange er schweigen sollte, u. s. w., und dann mußten in dieser Stoß- und Schweigekunst so viele Subjecte unterrichtet werden, als Hörner gebrauchet werden sollten. Dieser Unterricht

richt kostete sowohl abseiten der bestellten Lehrenden, als Lernenden anfänglich viele Mühe, Geduld und Uebung. Indessen dauerte der ganze Cursus, — nicht sieben Jahre, wie bey unsern gewöhnlichen Stadtmusikern; sondern der erhabne Angeber der neuen Musikart hatte das Vergnügen, innerhalb einer Zeit von nicht mehr als zwey Jahren, die Früchte seiner Bemühungen einzuerndten. Es war nemlich im Jahre 1753, da sich diese Jagdmusik zum Erstaunen des Hofes und der Stadt Moskau, bey Gelegenheit einer feyerlichen Jagd, die der Herr von Narysckhin für die Kayserin hatte veranstalten laßen, zum ersten mal hören ließ. Nachhero ist sie öfters am Hofe zu Petersburg, und vornehmlich im Thiergarten zu Sarskoje Selo mit Entzücken gehöret worden. — Die Bestimmung dieser Musik geht auf ein ofnes Feld, auf eine ganze Gegend und also auf einen großen Raum der freyen Luft. Anfänglich wurden nicht mehr als 37 Hörner gebraucht; nunmehro ist ihre Anzahl schon auf 49 gestiegen. Wie es in Ansehung der um einen kleinen halben Ton erhöhten oder erniedrigten Töne gehalten, und ob zum Exempel zum gis und as zwey verschiedne Hörner, oder nur eines (so wie auf unsern Clavieren,) gebrauchet wird,

R ist

ist uns noch nirgends gemeldet worden. Uebrigens schränket sich diese Musikart nicht etwann auf langsame, oder auf kleine Stückchen ein, so wie auf den gewöhnlichen Waldhörnern. Es werden ganze schwere Synfonien ausgeführet, die aus Allegro, Andante und Presto bestehen, und Läufe und Brechungen von zwey und dreymal geschwänzten Noten enthalten, und dabey wird das Forte und Piano aufs genaueste beobachtet. Die Jäger werden in drey oder vier Glieder gestellet, die tiefsten Hörner hinten, welche weil sie sehr groß sind, auf kleinen dazu verfertigten Stativen ruhen. Jeder Jäger hat sein Notenblatt vor sich, zählt unvermerkt immer fort, und giebt in seinem Augenblick seinen Ton an, und so klingt das ganze Tonstück, als wenn jede Stimme von einem einzigen Instrumente allein gespielet würde. Es klinget alles von ferne, als ob man eine große Orgel spielen hörte, aber weit angenehmer.

(V.)

Dem Herrn Capellmeister Graun wurde bey seinem Aufenthalt in Venedig, wo er sich in Angelegenheiten des Königl. Operteatheaters zu Berlin befand, von dem dortigen General, Herrn Grafen von Schulenburg, eine gewisse Sängerinn mit vieler Wärme empfohlen, und ein Tag angesetzet, wo selbige in dem Hôtel Sr. Excellenz eine Probe von ihrer Geschicklichkeit ablegen sollte. Mittlerweile erfuhr Graun von einem Abbé, daß die ihm empfohlne Sängerinn eine Maitresse des Herrn Grafen wäre, welche er vielleicht mit guter Manier los zu werden wünschte, und daß sie zwar in einem der dortigen Conservatorien erzogen und sonsten eine artige Person, aber nur sehr mittelmäßige Sängerinn wäre. Graun, der diese Nachricht in starke Ueberlegung nahm, aber doch auf eine gute Manier aus dem Handel kommen wollte, setzte sich ehe die Probe angieng vor den Flügel, und sang sich einige Töne dazu. Der Herr Graf, ohne etwas böses zu ahnden, ersuchte ihn um die Gefälligkeit, eine auf dem Flügelpulte liegende galluppische Arie zu singen und sich dazu zu accompagniren. Graun, der dieses Compliment erwartet hatte, ließ sich nicht lange bitten, und erhielte von den vornehmen Zuhörern ein Bravo übers andere. Nun sollte die Signora vortreten, und die Signora, die bey dem Gesange des Grauns ihre Schwäche mehr als jemals empfand,

hatte

hatte sich in ihr Besuchzimmer begeben. Die ganze Gesellschaft folgte ihr nach, und bat sie zu kommen. Allein sie verbat es. Graun bekam sie nicht zu hören, und der Herr Graf, der billig genug war einzusehen, daß der preußische Capellmeister keine Sängerinn annehmen würde, die er nicht zuvor gehöret hätte, entschloß sich, das gute Mädchen bis auf eine andere Gelegenheit, wo er sie bequemer anbringen könnte, bey sich zu behalten.

(VI.)

In den Vierzigern des itzigen Jahrhunderts ward in der Person des Herrn J. P. Guignon, eines berühmten Violinisten zu Paris, die Würde eines Königs der Violinisten erneuert, mit welcher unter der Regierung Ludewigs des XIII. zuerst ein gewisser Virtuose damaliger Zeit, Nahmens Dumanoir beehret worden. Vermittelst des mit dieser Würde verbundnen Privilegii konnte vom Hrn. Guignon jeder Tonkünstler, in allen Provinzen des Königreichs, gegen Erlegung einer französischen Pistole, für zünftig in seiner Kunst erkläret werden. Man hat aber nicht gehöret, daß er davon andern Gebrauch gemachet, als daß er sich auf einem

nem seiner Werke einen *Roi des Violons* genennet, welches allen denjenigen lächerlich scheinen wird, welche den Ursprung und die Beschaffenheit dieses Titels nicht kennen. Zur Zeit Ludewigs des XIII. ward in den Städten Frankreichs die Musik annoch professionsmäßig, wie unter den Kunstpfeiffern Deutschlands getrieben, und selbige konnte einem König der Geiger und Pfeiffer vieles eintragen, indem ohne dessen Genehmigung kein Geselle Meister werden konnte.

———————

(VII.)

Da der Königl. französische erste Capellmeister Heinrich Dumont starb, und der andere, Nahmens Robert, den Hof verließ, um den Rest seines Lebens in Ruhe zuzubringen, (es war im Jahre 1683) so ward der König Willens, statt zweyer Capellmeister, deren vier zu haben, und ließ zu dem Ende die geschicktesten Capellmeister der Provinzial-Cathedralen durch Circularschreiben nach Versailles einladen, um ihre Proben abzulegen. Unter andern fand sich daselbst der an der Kirche Unsrer lieben Frauen zu Rouen stehende Capellmeister Lesueur ein, ein sinnreicher und Erfindungsvoller Componist, und der außerdem gute Studia hatte. Da er, *sua se virtute inuoluens*, keine Empfehlungsschreiben nach Versailles mitbrachte, so hielte er es für nöthig, sich durch eine vorgängige Musik etwas bekannt zu machen, ehe es zur Probe käme. Er hatte dazu den 70. Psalm: *Qui habitat in adiutorio*, erwählet, und der König nebst dem ganzen Hof hörte mit besonderer Aufmerksamkeit zu. Im siebenten Verse hatte Lesueur das Wort *cadent* so natürlich gemalet, daß es schien als wenn eine Menge Menschen mit starkem Geprassel von einem Berge herunterstürzte. „Ha ha!" rief einer von den Hofcavalieren, der einem andern Competenten wohl wollte: „da liegt der eine, der „wohl nicht wieder aufstehen wird." Dieser schnackische Einfall unterbrach die bisherige Aufmerksamkeit. Der König lachte und alle Welt lachte mit. Der König winkte endlich mit der Hand, und der Hof hörte wieder ernsthaft zu, bis zum 10ten Verse *& flagellum non appropinquabit*, wo das Wort *flagellum* dergestalt durchgearbeitet war, daß man hätte schwören sollen, daß sich einige Dutzend Capuciner geißelten. „Halt!" schrie hier ein anderer lustiger Hofjunker, der auch einen Candidaten in der

Tasche hatte, „die armen Leute peitschen „sich zu Tode." Der König sieng aufs neue zu lachen an; die um ihn standen lachten mit, und zuletzt lachten alle, weil sie den König lachen sahen. Die Motette ward geendigt, ohne daß man weiter Acht darauf gab, und als Lesueur an dem eigentlichen Probetage seine Motette *Beati quorum remissa sunt &c.* aufführte, so wieß jedermann auf ihn mit Fingern, und einer sagte dem andern ins Ohr: das ist der ca a a adent, flagellum, flagellum &c. Der ehrliche Mann sah sich also genöthigt, ohne mit seiner vielen Geschicklichkeit bey Hofe Glück gemacht zu haben, nach Rouen zurück zu kehren.

(VIII.)

Man erzählt, daß ein griechischer Virtuose, Nahmens Thamyras, ein Schüles des Linus und Orpheus, das Herz gehabt, die neun Musen zu einem musikalischen Wettstreite herauszufordern, wobey zur Bedingung gemachet worden, daß, wenn er verlöhre, sie mit ihm machen könnten, was sie wollten; gewönne er aber, so sollte er die Erlaubniß haben, sie alle nach einander zu Frauen zu machen. Aber die für Erhaltung ihrer Keuschheit streitenden Neune, welches manchem heutiges Tages unglaublich scheinen wird, behielten den Platz, und kratzten dem armen Thamyras die Augen aus. Von dieser Zeit an hat sich weder ein Dichter noch Musiker unterstanden, den Bewohnerinnen des Parnaßes einen Zweykampf anzubieten, und sie haben in der That bis auf diese Stunde, ohne Protestation der Sorbonne, den Ruhm einer unbefleckten Jungferschaft behauptet, ob man ihnen gleich eine Nachkommenschaft andichtet, indem man die Virtuosen Kinder der Musen nennet.

(IX.)

Ob sich gleich das Ende der Regierung des Kaysers Nero durch Thaten auszeichnete, die seiner nicht würdig waren, so war der Anfang derselben gleichwohl sehr glänzend, und den Künsten und Wissenschaften, worinnen er sich selbst hervorzuthun suchte, insbesondere günstig. Er berief den Terpnus, der für den berühmtesten Citharisten seiner Zeit gehalten ward, an seinen Hof, bediente sich sowohl auf der Cithar als im Singen seines Unterrichts, und brachte es in weniger Zeit durch anhaltenden

Fleiß

Fleiß und Uebung dahin, daß er es selbst mit den treflichsten Virtuosen aufnehmen konnte, wie er denn auf dem Theater zu Neapel einen auf die Cithar gesetzten Preis davon trug. Die Richter brachten ihm den Loorberkranz, den er vergolden und neben die Säule des August setzen ließ. — Das erstemal als der Kayser das Theater zu Neapel bestieg, entstand ein Erdbeben, wodurch er sich aber nicht irre machen ließ. Er setzte das angefangene Lied ununterbrochen bis ans Ende fort, und wurde von dem Beyfall des Volks so sehr gerührt, daß er, um selbigem sein Vergnügen darüber zu bezeigen, sehr oft in dem Orchester Tafel hielt, und sich beym Desert mit einer wohlgesetzten griechischen Arie hören ließ. In der That ward der Ruf von seiner Geschicklichkeit hierdurch so sehr ausgebreitet, daß von allen Ecken der Welt eine Menge von Tonkünstlern nach Italien kam, um den Kayser zu hören. — Um den beßern Geschmack in der Musik allgemeiner zu machen, ließ er fünf tausend junge Leute aus Alexandrien kommen, und durch geschickte Meister der Kunst unterweisen. — Weil das Volk, bey seiner Rückkunft nach Rom, sehr ungeduldig war ihn zu hören, so geschah es, daß als er zum Senat fuhr, ihn selbiges anhielte, und seine göttliche Stimme zu hören verlangte. Er wollte es verbitten, und vertröstete das Volk bis auf das Neronische Fest, das mit ausgesetzten Preisen gefeyert werden sollte. Es war aber so wenig das Volk als seine Leibgarde mit dieser Antwort zufrieden, und der Kayser verzog also nicht, sich dem Volke auf der Stelle gefällig zu erweisen. Er gab Befehl, daß sein Nahme in der Rolle derjenigen, die von der Cithar Profeßion machen, eingetragen werden sollte. Er bestieg das Theater, fieng an zu präludiren, und ließ durch den Cluvius Rufus mit lauter Stimme ausrufen, daß der Kayser die Geschichte der Niobe singen würde. Es geschah und das Spiel dauerte, zum größten Vergnügen des Volks, bis in die späte Nacht.

(X.)

Als der Kayser Nero einmal auf der tragischen Bühne die Person des rasenden Hercules vorstellete, und der Fabel zufolge in Ketten geleget ward, so lief ein Soldat von der Leibgarde, der diese Gewaltthätigkeit mit ansahe, und nicht wußte, was für eine Bewandniß es damit hätte, dem Kayser mit

mit dem entblößten Säbel zu Hülfe, um ihn wieder zu befreyen. Diese That gefiel dem Kayser sowohl, daß er befahl, dem Soldaten drittehalb hundert tausend Thaler zu geben. Agrippine, seine Mutter, bekam hievon Nachricht, und weil sie diese Belohnung für zu verschwenderisch ansahe, so befahl sie dem Schatzmeister, diese Summe in einem gewissen Zimmer durch welches der Kayser gehen mußte, auf dem Tische aufzuzählen. Nero sahe die große Summe Geldes an, und fragte, wozu solche bestimmt wäre. Man antwortetete, daß der gestrige Soldat sie haben sollte. Er merkte aber bald, daß seine Mutter dahinter steckte, und sagte, daß er nicht geglaubt hätte, einen so großen Eifer so schlecht belohnt zu haben, und ertheilte Befehl ihm noch einmal so viel zu geben.

(XI.)

Von allen Schauspielen, welche der Kayser Nero veranstaltete war keines das ihm mehr Ehre machte, noch von dem Volke besser aufgenommen ward, als das auf dem pompejischen Theater, wo der armenische König Tiridates, in der größten Unterwürfigkeit

figkeit eines Ueberwundnen, Krone- und Scepter zu den Füßen des Kayserlichen Throns niederlegte. Die ehrfurchtsvolle Anrede des Königs wurde durch einen Prätor öffentlich vor dem Volke wiederholet; worauf Nero, mit Genehmigung des Senats, den Tiridates aufhob, ihm eine Krone aufs Haupt setzte, und ihm die rechte Hand auf dem Theater gab, um neben ihm die mit der prächtigsten Musik begleitete Comödie mit anzuhören. Der Kayser kam dem Volk an diesem Tage so holdseelig vor, daß ein Vivat überall erschallte, und dieser Tag der gøldne Tag genennet ward. Schade, daß er sich nicht gleich blieb, sondern aus einem Gotte der Erde zu einem Teufel derselben ward.

(XII.)

Quanz in Neapel. Ungeachtet der Herr Quanz auf seinen musikalischen Reisen von dem Hofe zu Dresden mit Geld unterstützet ward, so suchte er dennoch, wenn er Gelegenheit dazu hatte, hin und wieder mit seinem Talente zu wuchern. Unter denjenigen Personen, die bey seinem Aufenthalt zu Neapel sich seines Unterrichts bedienten,
be-

befand sich eine gewisse Marchesa die um sich im Generalbaß zu üben, einige Stunden in der Woche festgesetzet hatte, wo der Herr Quanz ihr einige Sonaten von sich und andern vorspielte, und sie ihn auf dem Flügel accompagnirte. Eines Tages wurde diese Dame, bey ihren unschuldigen musikalischen Uebungen, von dem damaligen spanischen Gesandten in Neapel, einem Vertrauten der Marchesa, überraschet, und ob derselbe gleich sowohl die Schülerinn als den Meister ersuchte, sich nicht in ihrem Concerte stören zu lassen, so schien es doch als wenn er sich Gewalt anthäte, keine Eifersucht äußern zu wollen. Er ließ sich in ein kurzes Gespräch mit dem Herrn Quanz über die Capelle zu Dresden ein, betrachtete ihn von unten bis oben, vermuthlich um seine körperliche Eigenschaften mit denen seines Geistes zu vergleichen, und beurlaubte sich darauf von der Dame. Als einige Tage nachher der Herr Quanz von einem Concerte, dem er beygewohnt hatte, in einem Miethswagen nach Hause zurücke fuhr, so hörte er queer durch die Kutsche eine Kugel hindurch zischen, die vermuthlich nicht bestimmt war ihm einen Spaß zu machen. Quanz, der zu seinem Glück, mit dem gehabten Schrecken davon kam, und nicht beschädigt worden

den war, dachte in dem Augenblick an den spanischen Gesandten zurück, verlohr alle Lust nur einen Tag länger in Neapel zu bleiben, packte ein, und entfernte sich mit der eiligsten Post, ohne einmal von der schönen Marchesa Abschied zu nehmen.

Denkwürdigkeiten
einiger
Musikheiligen.

Vierzehntes Dutzend.

Vierzehntes Dutzend

der

musikalischen Denkwürdigkeiten.

(I.)

Johann Jacob Rousseau wurde durch Veranlaßung seines bekannten kritischen Schreibens über die französische Musik, von der Operdirection nicht allein seines Freybillets beraubt, das man ihm bishero als Componisten vom Pygmalion bewilliget hatte, sondern das Orchester ließ ihn annoch auf dem Theater im Bildnisse aufhängen. Als sich derselbe einige Zeit nachher an der Operthüre zeigte, so wurde ihm von der Wache der Eingang verweigert, und da Rousseau den Billeteinnehmer fragte, warum man ihn nicht hinein laßen wollte, so wurde ihm zur Antwort gegeben, daß man keinen Menschen hinein laßen könnte, den

S man

man auf dem Theater aufgehangen hätte. "Die Henkersknechte!" versetzte Roußeau, "sie haben mich schon seit langer Zeit ge= "foltert."

(II.)

Als die Oper Zoroaster, zu welcher Hr. Cahusac die Worte und der Hr. Rameau die Musik gemacht hat, aufgeführet ward, erschien folgendes Sinngedicht:

Autrefois de Rameau l'on critiquoit le chant;
L'un le vouloit plus noble, & l'autre plus
        touchant.
 Quelques uns dans sa Symphonie
 Le trouvoient homme de génie,
D'autres, pour le juger, attendoient qu'il
        fut mort;
Graces à Cahusac, tout le monde est d'ac-
        cord.

Sonst war Rameau's Gesang den Kennern
        nicht gerecht,
Für den nicht rührend gnug, für dieses Ohr
        zu schlecht.
 Der wollt' in den harmonschen Werken
 Von ihm Genie und Kunst bemerken.
        Die

Die, weil er annoch lebt, erklärten sich für
 kein's;
Dank sey dem Cahusac, itzt sind sie alle
 eins.

(III.)

Hr. Gåhlert, ein geschickter Violinist zu Strasburg, der etwas ausschweifte, hatte eine Frau, die, ungeachtet sie schon ziemlich bey Jahren war, ihm öfters ihren Unwillen darüber empfinden ließ, und ihn zu bewegen suchte, die Pflichten eines Ehemanns besser zu erfüllen, und hübsch bey ihr zu Hause zu bleiben. Als sie nach Gewohnheit der Frauen, die die geheimen Angelegenheiten ihres Herzens einander mittheilen, sich mit einigen ihrer Gevatterinnen eines Tages über diesen Umstand unterredete, so gerieth sie in der Stärke ihrer Gesticulationen, womit sie als eine Französin die Beredtsamkeit ihrer Zunge zu begleiten pflegte, mit der Hand auf ihre Schürze, und wieß immer auf einen gewissen Fleck derselben mit den Worten hin, „es wäre unver„zeihlich, daß ihr Mann so auslief, da er „doch wüßte wo er hingehörte."

(IV.)

Dümenil, ein annehmlicher Altist auf dem Lullyschen Theater zu Paris, hatte, ehe er selbiges betrat, der Küche des Herrn Foucault, Intendanten zu Montauban, vorgestanden. Als er einsmals in der Oper Phaeton die Rolle des Phaeton spielte, fieng ein aufgeräumter Kopf, vor großer Entzückung, auf dem Parterre laut auszurufen an: Ah! Phaeton, Phaeton, est il possible que vous ayez fait du bouillon? (Ach! Phaeton, Phaeton, ist es möglich, daß du ehemahls Suppe gekocht hast?)

(V.)

In einer Gesellschaft, wo von den Talenten der beyden vortreflichen Sängerinnen, der Mara und der Todi die Rede war, wurde gefragt, welche wohl von beyden, überhaupt gesprochen, den Vorzug vor der andern hätte? Ein witziger Kopf antwortete: *C'est bientôt dit*, (das ist bald gesagt.) Die Antwort aber lauft auf ein französisches Wortspiel hinaus, das sich im Deutschen nicht gleichgut ausdrücken lässet. Denn in der Ausspprache klingt es eben
so

so, als wenn man sagt: *C'est bien Todi,* (Es ist wohl die Todi.)

(VI.)

Noch lange wird den Söhnen der Musen der Verlust des vor einiger Zeit zu Paris verstorbnen deutschen Barons Hrn. C. Ernst v. Bagge empfindlich seyn. Das Haus dieses würdigen Cavaliers stand jedem geschickten Virtuosen offen, und der ganze Vormittag war der Musik gewidmet. Ohne selbst in die Ausübung der Kunst tiefer als jeder andere durch gewissen Fleiß sich auszeichnende Liebhaber hineingedrungen zu seyn, wußte er die Vorzüge und das Eigene eines jeden Tonkünstlers aufs genaueste zu bestimmen. Er begnügte sich aber nicht, die großen Meister zu hören und zu schätzen. Er wollte auch selbst gerne gehört seyn, und er wäre unlustig geworden, wenn die Zuhörer bey seinem Spiele auf der Violine kalt geblieben wären, und ihm nicht ein Bravo zugeruffen hätten. Das besonderste war, daß ungeachtet er sehr genau wußte, wie diese oder jene Passage gemacht werden müßte, er sich gleichwohl das Vergnügen versagte, solche auf gehörige Art zu versuchen, und daß er alle Paſſagen, von was für einer Beſchaffenheit ſie auch waren, auf einerley Art ſpielte, indem er auf den Sayten, wo ſolche ihren Hauptſitz hatten, mit eben demſelben Finger auf- und nieder glitſchte, wobey es denn natürlicher Weiſe den Zuhörern Mühe koſtete, nicht in ſich zu lächeln, zumal da man aus ſeiner ernſthaften Mine hätte ſchließen ſollen, als wenn er ſich überzeugt hielte, alles vollkommen wohl gemacht zu haben. Man vergebe dieſe Schwachheit einem rechtſchafnen und in aller Rückſicht liebenswürdigen Manne, der die Muſik um ihrer ſelbſt willen ſchätzte, und der, wenn ihn ſeine Vermögensumſtände nicht in den Stand geſetzt hätten, der Muſik als einer Profeßion zu entbehren, einer der erſten Virtuoſen hätte werden können. Ein ſo ſinnreicher Poet, als geſchickter Schachſpieler, und beſtändiger Geſellſchafter des Herrn Barons, der Herr Bernard hat zu ſeinem in Paris geſtochnen ſehr ähnlichen Bildniß folgende Verſe gemacht, die mit wenig Worten, ſeine ganze muſikaliſche Virtu deutlich darlegen:

Du Dieu de l'harmonie adorateur fidéle,
Prenant un vol que rien ne pouvoit li-
    miter,

Dans

Dans l'art du violon il n'eut point de modéle,
Et personne jamais n'osera l'imiter.

Des Gott's der Harmonie getreuester Verehrer,
Mit unbegränztem Flug wählt' er kein nahes Ziel;
Ohn Vorbild in der Kunst der Geige; und sein Lehrer
Er selbst; unnachgeahmt bleibt jederzeit sein Spiel.

Indem ich diesen Artikel vollende, versichert mich der Herr Groß, einer der ersten Virtuosen*) der Kronprinzl. Preuß. Capelle,

der

---

*) Der Hummelsche Notendruck hat uns verschiedne vortrefliche Sachen von diesem würdigen Manne geliefert. Kenner werden sich annoch mit Vergnügen der rührenden Musik erinnern, welche derselbe vor nicht gar langer Zeit, bey Gelegenheit der hundertjährigen Jubelfeyer der in Potsdam etablirten französischen Nation, zu einer Cantate der Frau Predigern Reclam, einer bekannten vortreflichen Dichterinn, setzte, und sowohl in Potsdam als Berlin mit dem verdientesten Beyfall aufführen ließ. Der Hr. Haack ließ bey eben dieser Gelegenheit in einem von ihm gesetzten neuen Conterte die Graße seiner Kunst bewundern. —

der mit dem Herrn Baron von Bagge in einem Briefwechsel steht, daß die durch einige Zeitungen verbreiteten Nachrichten von dem Ableben dieses würdigen Cavaliers falsch sind, und daß er sich in dem Genusse der besten Gesundheit befindet. Ich freue mich, daß ich die obige gegentheilige Nachricht widerrufen kann.

Serus in coelum redeat, diuque
Laetus intersit *fidium magistris!*

(VII.)

Einige Kunstrichter wollen bemerket haben, (sie mögen es beweisen,) daß man vor achtzig Jahren besser componirt und schlechter gespielet hat als itzo, und daß man heutiges Tages schlechter componirt und besser spielt als damals. Gewiß ist es wohl, daß man zu derjenigen Zeit nicht große Fortschritte in der Ausübungskunst gethan haben konnte, als ein Concertmeister den Ripienisten zuzuruffen verbunden war: „Ihr Herren, nehmt euch in Acht, „da kömmt ein *fis*." Was muß nicht geschehen seyn, wenn sich ein *gis* oder *dis* präsentiret hat?

(VIII.)

(VIII.)

Unter die fruchtbarsten Componisten Frankreichs in der Mitte dieses Jahrhunderts gehöret unstreitig der Herr Boismortier, der sich nicht allein in allen Arten sowohl der Sing- als Spielmusik, sondern auch auf allen in Frankreich üblichen Instrumenten versuchet hat. Um seine Muse zu erwecken, pflegte er allezeit ein Schreibetäfelchen bey sich zu führen, und wenn er einen sinnreichen neuen Gedanken hörte, solchen anzumerken. Er hat ein Quatuor stechen laßen, wo der Baß nichts als die simple Tonleiter c d e f g a h c vom Anfang bis zum Ende hat, und welches in seiner Art ein Meisterstück ist, ob man gleich, weil die freyere Setzkunst schon zu seiner Zeit überhand zu nehmen anfieng, wenig Acht darauf gegeben hat. Ein naseweiser neuer Componist hatte die Kühnheit, sich über einige Sachen des Boismortier, in Gegenwart des Auctoris, aufzuhalten. Boismortier, der ein gesetzter Mann war, und über den jungen Ignoranten innerlich lachte, nahm die Impertinenz desselben so wenig übel, daß er ihn vielmehr versicherte, wie die Verschiedenheit ihres musikalischen Glaubensbekenntnisses ihn nicht verhindern würde, beständig sein guter Freund zu seyn, und ihn von diesen Gesinnungen zu überzeugen, wollte er sich heute bey ihm zu Gaste bitten. Der andere, dem ein gewisser Cavalier aus Gnaden den Tisch gab, stutzte, und sagte, daß er nicht so glücklich seyn könnte, ihn zu bewirthen. Er könnte ihn versichern, daß er nicht so viel im Vermögen hätte, eine Flasche Wein zu bezahlen, und Credit hätte er auch nicht. „Wie?" versetzte Boismortier, „ein so ge„schickter Virtuose, wie Sie sind, hat noch „nicht soviel erworben, daß er einem guten „Freunde ein Glaß Wein vorsetzen kann. „Kommen Sie mit mir auf mein Landgut. „Ich will Ihnen zeigen, was ich mit mei„ner Schularbeit geschaffet habe." Es ist zu merken, daß der Herr Boismortier seine Werke selbst verlegte, und daß die meisten derselben Anfängern und Liebhabern gewidmet waren, und man weiß, daß die Anzahl der beyden letztern größer als die der Kenner und Experten ist.

(IX.)

(IX.)

Als die Signora Mingotti, eine der vortreflichsten Sängerinnen aus dem Jahrhundert der Graune, und Haßen, bey der Oper zu Madrit in Diensten stand, so geschah es eines Tages, daß eine gewisse Herzogin, die wegen ihrer Schwangerschaft nicht in die Oper kommen konnte, lüstern ward eine Haßische Arie von der Mingotti singen zu hören. So bereitwillig diese war, sich zu der Dame zu begeben, und ihrem Ansuchen genug zu thun, so sehr setzte sich der Operdirector Farinelli dagegen, als welcher es allen Sängern und Sängerinnen zum Gesetz gemachet hatte, außer in der Oper bey Hofe, nirgends zu singen, ja sich nicht einmal in einem nach der Gasse gelegenen Zimmer zu üben. Indessen wuchs die Lust der Dame mit dem ihr geschehenden Widerstande, und da der Gemahl der Herzogin besorgte, daß, wofern selbige nicht gestillet würde, solches sowohl ihr als dem Kinde gefährlich werden dürfte, so beschwerte er sich über die Ungeschliffenheit des Farinelli beym Könige, welcher nicht ermangelte den Vorstellungen des Herzogs Gehör zu geben, und der Mingotti zu befehlen, sich sofort zu der Dame zu verfügen, und
ihre

ihre Lüsternheit zu befriedigen. Es geschah, und die Dame ward zu rechter Zeit von einem gesunden Kinde entbunden, welches mit keinen andern als den gewöhnlichen Tönen der Kinder auf die Welt kam.

(X.)

Während einem Hochzeitschmause zu Berlin, wurde ein Concert gemacht, und in selbigem eine auf diese Gelegenheit componirte Cantate von dem Herrn Cantor Martin Heinrich Fuhrmann und seinen Chorschülern aufgeführet. Der Sänger der die letzte Arie hatte, ließ sich zum erstenmal in seinem Leben in einem Concert, wo so viele Personen zugegen waren, hören, und da er sehr furchtsam war, so begieng er den Fehler, daß er, an statt den ersten Theil der Arie zu wiederhohlen, in seiner Zerstreuung den zweyten noch einmal zu singen anfieng. Eine Kennerinn, die an der Hochzeittafel saß, und den Fehler bemerkte, wollte ihm zurechte helfen, und rief von vorne, von vorne. Allein der Sänger gieng immer seinen Weg fort, und war schon bis an die

die letzten Worte der Arie: und liebet
eure Weiber, und liebet eure Weiber,
als die Dame noch beständig dazwischen rief:
von vorne, von vorne.

(XI.)

Als die unvergleichliche Sängerinn Mademoiselle Gabrieli vor etwann 12 oder 13 Jahren, nach einem großen nordischen Hofe einen Ruf erhielte, verlangte sie ein jährliches Gehalt von 10000 Rthlr. Der Werbeofficier wunderte sich über diese starke Forderung, und stellte ihr vor, daß kein Minister oder General soviel erhielte. „Es „kann seyn," versetzte die Gabrieli. „Aber „können denn diese Herren auch singen?"

(XII.)

Ein Baßgeiger kehrte von einer in einem Ungarschen Dorfe gefeyerten Hochzeit nach seiner Wohnung zurück, und sahe, daß ein paar Wölfe, die von einem Berge herunter kamen, Mine machten auf ihn
los

los zu gehen. In Ermangelung eines andern Schutzgewehrs, nahm er sein Instrument, und fieng auf den tiefen Sayten dergestalt zu arbeiten an, daß die beyden Bestien, erschreckt durch die ungewohnten Töne, vielleicht auch durch die Figur des Instruments, die Flucht nahmen, und der ehrliche Mann seinen Weg ruhig fortsetzen konnte.

Denkwürdigkeiten

einiger

Musikheiligen.

Funfzehntes Dutzend.

Funfzehntes Dutzend

der

musikalischen Denkwürdigkeiten.

(I.)

Der griechische Tonkünstler und Dichter Zipponax war so ungestalt, daß die Mahler sein Bildniß öffentlich zur Schau aussetzten. Vermuthlich hatten ihn auch die Damen nicht lieb; weshalb er sich durch folgende Verse an ihnen zu rächen suchte:

Zwey Tage sind's daß man an Weibern
Freud erlebt,
Der da man Hochzeit macht, der wenn
man sie begräbt.

(II.)

Der Königl. französische Hoforganist Marchand, den seine Capricen nicht weniger als seine große Talente berühmt gemacht,

macht, hatte eine Gattin, die wegen der vortreflichen Eigenschaften ihres Herzens mehrere Achtung und Zärtlichkeit verdiente, als er ihr erwieß. Als er es in die Länge gar zu arg mit ihr machte, und es ihr an allem fehlen ließ, so zog ihm der König, der es erfahren, die Hälfte von seinem Gehalte ein, und ertheilte solche der Madame Marchand. Kurz darauf mußte Marchand nach Versailles, um sein Quartal *) zu spielen. Der König wohnte der hohen Messe bey, worinnen sein Lieblingsorganist, nach einer Zeit von drey Viertheiljahren, sich wieder zum erstenmal mit der ihm gewöhnlichen Kunst zeigte, und hörte ihm mit Vergnügen zu. Marchand spielte aber nicht länger als bis zum *Qui tollis peccata &c.* und gieng von der Orgel herunter. Der König, welcher

*) Bis zum Jahre 1678 hatte der König nur einen einzigen Organisten. Der lezte war Carl Heinrich Delabarre, nach dessen Tode ihrer vier angenommen wurden, nemlich Tontelin für den Januar, Februar und März; Lebegué für die drey folgenden Monate; Buterne für den Jullus, August und September, und Nivers für die drey lezten Monate des Jahrs. Da jedem Hoforganisten erlaubt ist, mehrere Orgeln zu haben, in Paris, Versailles und anderswo, und außerdem jeder so viele Stunden auf dem Flügel geben kann, als er will, so ist leicht zu erachten, daß selbige ganz ansehnliche Einkünfte haben müssen.

cher geglaubt hätte, daß Marchand durch einen Zufall wäre genöthigt worden, diese Pause zu machen, wunderte sich nicht wenig, als er ihn nach vollendeter Messe frisch und munter auf dem Schlosse herum spatziren sahe, und fragte ihn, was ihm begegnet wäre, und warum er nicht die Messe ganz gespielet hätte. „Sire," antwortete Marchand, „da meine Frau die Hälfte „von meinem Gehalte hat, so kann sie auch „die Hälfte von der Messe spielen." Dieses brachte ihm die Ungnade des Königs zuwege, und war Ursache, warum er Frankreich auf einige Zeit verließ.

***

(III.)

Marchand kam während seiner Verbannung aus Frankreich, im Jahre 1717 nach Dresden, ließ sich vor dem Könige von Pohlen mit besonderm Beyfall hören, und war so glücklich, daß ihm ein königlicher Dienst von etlichen tausend Thalern angeboten ward. Bey der Capelle dieses Prinzen befand sich damals ein französischer Concertmeister, Nahmens Volumier, der entweder über das seinem Landsmann bevorstehende Glück scheel zu sehen anfieng, oder von ihm zufälliger Weise indisponiret worden war. Selbiger stellte den Kammermusikern vor, wie Marchand allen deutschen Clavieristen Hohn spräche, und hielte mit ihnen Rath, wie man den Stolz dieses Goliath wenigstens etwas demüthigen könnte, wenn es nicht möglich wäre, ihn vom Hofe wegzubringen. Auf die Versicherung, daß der Kammer- und Hoforganist in Weymar Sebastian Bach ein Mann wäre, der es alle Tage mit dem französischen Hoforganisten aufnehmen könnte, wenn er ihn nicht überträfe, schrieb Volumier sofort nach Weymar, und ladete den Herrn Bach ein, ohne Verzug nach Dresden zu kommen, und mit dem berühmten Herrn Marchand eine Lanze zu brechen. Bach kam, und wurde mit Genehmigung des Königs, ohne daß es Marchand wußte, in dem nächsten Concert bey Hofe als Zuhörer zugelaßen. Als sich Marchand in selbigem unter andern mit einem vielfach veränderten französischen Liedchen hören laßen, und sowohl wegen der in den Veränderungen angebrachten Künste als wegen seiner netten und feurigen Ausführung sehr applaudiret worden war, so wurde der neben ihm stehende Bach aufgefordert, den Flügel zu versuchen. Er genügte der Aufforderung, präludirte kurz, doch mit Mei-

Meistergriffen, und ehe man es sich versah, so wiederhohlte er das vom Marchand gespielte Liedchen, und veränderte es, mit neuer Kunst, auf eine noch nicht gehörte Art ein Dutzend mal. Marchand, der bisher allen Organisten Trotz geboten hatte, mußte ohne Zweifel die Superiorität des gegenwärtigen Antagonisten erkennen. Denn da Bach sich die Freyheit nahm, ihn zu einem freundschaftlichen Wettstreit auf der Orgel einzuladen, und ihm zu dem Ende ein auf ein Blättchen Papier mit einem Bleystift entworfnes Thema, zur Ausarbeitung aus dem Stegreif, präsentirte und sich dagegen eines von ihm ausbat, so erschien der Herr Marchand so wenig auf dem erwählten Kampfplatz, daß er vielmehr für dienlich erachtet hatte, sich mit Extrapost von Dresden zu entfernen. — Auf diese Art ist mir diese Anekdote, die man verschiedentlich erzälet, von dem Herrn Sebastian Bach selber erzählet worden. Uebrigens ließ derselbe der Geschicklichkeit des französischen Virtuosen alle mögliche Gerechtigkeit widerfahren, und bedauerte, daß er ihn nicht auf der Orgel gehöret hatte.

(IV.)

Der Chevalier d'Orleans, Großprior von Frankreich, ein natürlicher Prinz, der die Tonkunst ungemein liebte, bot dem Hrn. Marchand bey dessen Rückkunft nach Frankreich, seine Tafel, Wohnung, Kutsche und Pferde, nebst einem ansehnlichen Gehalte an. Er begehrte nichts weiter als ihn zuweilen auf dem Flügel zu hören. Marchand ließ sich dieses Leben etwann fünf oder sechs Wochen gefallen. Mit einmal forderte er seinen Abschied von dem Prinzen, der sich nicht wenig darüber verwunderte. „Gnädiger Prinz," sagte Marchand, „ich „erkenne alle Huldbezeugungen von Ihnen „mit vielem Dank. Aber ich verdiene sie „nicht. Es könnte einmal geschehen, daß „Sie mich zu hören verlangten, und ich kei„ne Lust zu spielen hätte. Sie würden es „mir vielleicht verzeihen, aber ich nicht. Ich „will mich lieber wieder in meine Freyheit „setzen." Der Prinz, der die Leutseeligkeit selber war, mochte sich so viele Mühe geben, als er wollte, den Marchand zu behalten. Er stand ihm alle mögliche Freyheit zu. Marchand blieb nicht.

(V.)

(V.)

Als Marchand bey der Herzoginn von B ‒ ‒ zur Tafel war, so bat ihn diese Dame nach aufgehobner Mahlzeit, etwas auf dem Flügel zu spielen. Er weigerte sich höflich, und so dringend die Gesellschaft in ihn setzte, so blieb er unbeweglich. Man nahm die Karten zur Hand, worauf Marchand entweder, weil ihm die Zeit zu lang ward, oder weil es ihm so einfiel, sich aus freyen Stücken vors Clavier setzte, und erst mit einer Hand allein, endlich mit allen beyden zu spielen und dadurch die Gesellschaft von dem Spiel abzuziehen anfieng. „Hören Sie „doch auf, Marchand,‟ versetzte die Herzogin, „Sie fallen uns verdrießlich.‟ Marchand ward böse, sprang vom Stuhle auf, und wollte nach der Zeit keinen Gang mehr zur Herzoginn thun.

(VI.)

Einen heiligen Abend vor Weynachten, ließen sich verschiedne Personen von hohem Rang bey den Franciscanern erkundigen, ob Marchand zur Mitternachtsmesse spielen wür‒

würde*). Man antwortete, daß er es zu thun pflegte. Eine so glänzende als zahlreiche Gesellschaft verfügte sich ins Kloster um ihn zu hören. Marchand war bey einem guten Freunde zu Gaste, und weil es ihm da gefiel, so hatte er nicht Lust aufzustehen. Er schickte einen andern an seine Stelle. Man ließ ihm sagen, daß ihn die Vornehmsten aus Paris mit Ungeduld erwarteten, und ersuchte ihn zu kommen. Er antwortete nichts weiter, als daß es auf ein andermal geschehen könnte, und daß er entschlossen wäre, die Nacht bey seinem Freunde zu bleiben.

*) Vermuthlich um seine *Noëls* zu hören, in deren Veränderung er alle Organisten seiner Zeit übertroffen haben soll. Diese Noëls (Weynachtsliederchen) sind meistentheils gemeine sehr altväterische Poesien und altväterische Melodien, woran nun eben nichts gelegen wäre. Aber der Inhalt der Worte ist nicht allein hin und wieder komisch, sondern die Melodien sind annoch sehr oft durch sehr unerbauliche Parodien entweihet worden. Indessen höret man sie gerne wegen ihrer musikalischen Veränderungen. Der Anfang wird damit am ersten Adventsonntage, und der Beschluß am Tage der heiligen drey Könige gemacht. Gleichwohl geben sich nicht alle Organisten damit ab. Zum Exempel der Herr Calviaire hielte die Noëls unter der Würde des Gottesdienstes, und spielte keine.

(VII.)

(VII.)

Es war eine Zeitlang Mode, daß alle Vornehme und Reiche, die als Personen von Geschmack angesehen seyn wollten, sich des Clavierunterrichts des Herrn Marchand, wenigstens einen oder ein paar Monate lang, bedienten. Da die Anzahl seiner Schüler und Schülerinnen dergestalt zu wachsen anfieng, daß es ihm unmöglich ward den Wünschen aller zugleich zu genügen, um so mehr da sie in verschiednen Gegenden der Stadt wohnten, und sehr weit von einander entfernet waren, so kam er auf den Einfall zwanzig Logis zu miethen, in jedem Viertheil eins, und in jedem Viertheil einen Monat, länger oder weniger, wie es ihm seine Laune eingab, Stunden zu geben. Bey der Begierde, die ein jeder hatte, den Herrn Marchand, Rittern vom heiligen Michaelisorden, zu haben, war es natürlich, daß der Preis der Stunden stieg, und eine Marque kostete einen Louis von 24 Livres. Marchand hätte bey so bewandten Umständen, da er acht bis neun Louis, ohne viele Ungemächlichkeit täglich einnehmen konnte, in weniger Zeit sein Glück sehr hoch treiben können. Allein — Spiel, Wein und Liebe waren sein Verderb; und da nach und nach die Hitze der Liebhaber zu verrauchen anfieng, und man merkte, daß andere Meister, die mit 3 Livres für eine Stunde fürlieb nahmen, eben so gute, wonicht beßere Schüler zogen, als der große Marchand, so fieng seine Einnahme zu sinken an; das zunehmende Alter schadete ihm auch, und weil er nach wie vor allen Arten von Ausschweifungen nachhieng, so starb er im Jahre 1737 in den mitleidwürdigsten Umständen.

(VIII.)

Ein gewisser Kunstrichter äußerte, in Absicht auf die Eigenschaften einiger Sprachen, seine Meinung dahin, daß die lateinische Sprache vortreflich im Tempel klänge; daß die italienische Sprache zum Singen auf der lyrischen Bühne die geschickteste wäre; daß die französische zum Sprechen und Schreiben gemacht wäre, und daß die meisten der übrigen Sprachen weder zum Sprechen noch Schreiben oder Singen taugten!!! Der Aristarch mag seine Meynung verantworten.

(IX.)

(IX.)

Einige Musiker zankten sich in einer Gesellschaft über einige Gegenstände ihrer Kunst, welches einen Dichter, dem bey diesem Streite die Zeit lang ward, veranlaßte, mit folgendem Inpromtu Frieden zu bieten.

Bon Dieu, quelle cacophonie!
Messieurs, ne braillez pas si fort.
En parlant toujours d'harmonie,
Ne serez-vous jamais d'accord?

(X.)

Ein Cantor zu Nördlingen in Schwaben hatte die üble Gewohnheit, dem Buchstaben S allemal ein á vorzusetzen. Zum Exempel, wenn in der Paßionsgeschichte Jesu die Worte vorkamen: sollen wir mit dem Schwerdte darein schlagen? so sang er: á solle wir mit dem á Schwerdte darein á schlagte? und es wurden also drey Sylben mehr hervorgebracht, als die Noten erforderten. Daher entstand natürlicher Weise eine Unordnung im Takt, wofür

für die unschuldigen Choralisten allezeit büßen mußten, und für Esel und dumme Jungen gescholten wurden.

(XI.)

Als dem berühmten Lully einsmals erzählet ward, (vermuthlich nicht in der Absicht, um ihm ein Compliment zu machen,) daß man seine Arien auf dem Pont neuf sänge, so ward er so wenig böse darüber, daß er sich vielmehr herzlich freuete, und sagete, wie er diesen Vorfall als einen Beweis ansähe, daß er allen gefiele, und es wäre ihm lieber, allen als nur zweyen oder dreyen zu gefallen.

(XII.)

Leclair der ältere war im Jahre 1726 Balletmeister am sardinischen Hofe. Somis, dortiger Concertmeister, der bishero nichts als leichte Tanzstücke von der Composition des Herrn Leclair gesehen und gehöret hatte, bekam durch jemanden eine ziemlich gearbeitete Violinsonate von ihm in die Hände, und ward begierig ihn solche spielen zu zu hören. Leclair genügte seinen Wünschen, und der Herr Somis, der mit einem Blick die großen Fähigkeiten desselben wahrnahm, konnte sich nicht enthalten, ihm seine Verwunderung darüber zu bezeugen, daß er mit dem Tanz sein Glück machen wollte. „Sie „haben," sagte er zu ihm, „alle mögliche „Talente einer der größten Violinisten zu „werden, währender Zeit Sie vielleicht es „im Tanzen niemals zum höchsten Grad „bringen dürften. Was meynen Sie selber „dazu?" — Aber, wie soll ich es anfangen, um das mir von Ihnen gestellte vortheilhafte Prognosticon wahr zu machen? — „Weiter nichts, als sich eine Zeitlang, so „zu sagen, einschließen, und fleißig studi=„ren. Finden Sie mich im Stande, Ih=„nen hierunter mit meinem wenigen Unter=„richt zu dienen, so stehet Ihnen nicht nur „derselbe sogleich, sondern annoch unent=„geldlich zu Dienste." Leclair wurde von dem großmüthigen Anerbieten dieses uneigennützigen großen Virtuosen aufs lebhafteste gerührt, besuchte den Hrn. Somis alle Tage, studirte und wiederhohlte eifrig; und nach Verlauf von etwan einem halben Jahre erklärte ihm Somis, daß er weiter keinen Unterricht gebrauchte. Darauf gieng Leclair nach Frankreich zurück, spielte den Hrn.

Baptist,

Baptist, ohne es zu wollen, aus Paris weg, ward bekannt mit dem daselbst sich aufhaltenden portugiesischen Millionaire, Herrn Dulys, der Sonnabends die Synagoge, und Sonntags die hohe Messe besuchte; begleitete selbigen in der Qualität eines mit 15000 Livres besoldeten Musikmeisters nach Holland und Engelland, und kam endlich nach Paris zurück, wo er bis zu dem unglücklichen Augenblick, da er in seinem Gartenhause vor Paris von einigen Räubern ermordet ward, der größte Virtuose blieb, der mit den Grazien des Baptist die Bravour eines Locatelli und Tartini verknüpfte.

Denkwürdigkeiten

einiger

Musikheiligen.

Sechzehntes Dutzend.

Sechzehntes Dutzend

der

muſikaliſchen Denkwürdigkeiten.

(I.)

Man erzählt, daß der berühmte Poly=
graph, und im eigentlichen Verſtande ge=
lehrte Muſiker, der Legationsrath Mat=
theſon *) in einem gewißen von ihm com=
ponirten Oratorio, durch eine Folge auf=
und wiederabſteigender Töne einen Regen=
bogen zu ſchildern verſuchet habe, und la=
chet darüber um ſo mehr, weil das ganze
nicht

*) Es wundert viele Freunde der Muſik, daß ſich
nicht eine geſchickte Feder findet, die uns mit
dem Kern der mattheſoniſchen Schriften beſchen=
ket, die ſehr vielen Allotria, Wiederhohlungen
und unnütze Streitigkeiten ausmerzt, und in
zwey oder drey mäßigen Quartbänden ein Werk
lieſert, das wenige ſeines gleichen haben würde.
Vortreflicher Hiller, Sie wären der Mann dazu.

U

nicht viel taugte, indem die Praxis nicht ein Werk dieses sonst großen Mannes war. — Graun, der unsterbliche Graun, hatte in seiner vortreflichen Paßionscantate der Tod Jesu, in der Arie:

> Ein Gebet um neue Stärke,
> Zur Vollendung edler Werke,
> Theilt die Wolken, dringt zum Herrn ꝛc.

bey dem Rittornell zwischen den Wörten **theilt die Wolken, — theilt die Wolken,** wohl nichts weniger im Sinne, als uns ein Gemählde zu liefern. Allein man höre diese Arie, zumal in einer spatiösen Kirche singen, und gebe auf Wörter und Musik und seine Empfindung acht, wenn die besagten Wörter mit ihren Zwischensätzen vorkommen. Wenigstens konte der davon gerührte Londner Bach, der bey der allerersten Aufführung dieser Cantate in der Domkirche zu Berlin zugegen war, bey der sehr feinen Empfindung die er hatte, sich nicht enthalten, diesen Ausdruck des Grauns, so simpel er ist, für einen malerischen Meisterzug zu erkennen. — Ich habe gesagt, wie ich glaube, daß Graun vielleicht nichts weniger als die Schilderung eines physikalischen Gegenstandes im Sinne gehabt. War es indessen nicht ein glücklicher Ausdruck, der bey aller Vorsicht, kein Gemählde zu liefern, seiner melodisch=harmonischen Seele entschlüpfte? Nachdem er sich in den Inhalt der Worte hineingedacht, konnte es vielleicht nicht anders seyn. Göttlicher Mann, dessen dauerhafter Werth nur Stümpern, die nicht aus der Seele, sondern aus den Partituren anderer Leute arbeiten, nicht einleuchtend seyn kann!

(II.)

Als im Jahre 1683 bey der Capelle zu Versailles vier Capellmeister angenommen werden sollten, so gab sich unter andern auch ein sehr geschickter Candidat der Setzkunst, Nahmens Heinrich Desmarets an. Seine Probemotette wurde aufgeführet, und sehr wohl aufgenommen. Der König aber fand ihn zu einem Capellmeister zu jung, (er war 1662 zu Paris gebohren,) und nahm den Coupillet an seine Stelle an. Dieser Coupillet war bisher Musikdirector zu Meaux gewesen, und sein Verdienst war, daß er der Dauphine vom Boßuet war empfohlen worden. Wie unwürdig derselbe gewesen, in der Gesellschaft eines Colaße, Lalande und Minoret, als Königlicher

Capellmeister mit angestellet zu werden, ist daraus zu sehen, daß er weder Schule noch Kopf hatte, ungeachtet er vielleicht zweymal so alt als Desmarets war, und daß er sich von diesem, an die zwölf Jahre lang, seine Motetten um einen verabredeten Preis verfertigen ließ. Einmal mochte Coupillet mit der Bezahlung lange Zeit zurücke bleiben; da schwazte Desmarets das Geheimniß aus, worauf sich Coupillet aus Schaam von Versailles wegbegab, und Desmarets seinen Platz erhielte.

(III)

Der Herzog **Philipp von Orleans**, Regent von Frankreich währender Minderjährigkeit Ludewigs XV. schien für alle Künste gebohren zu seyn. Er hatte eines Tages eine von ihm componirte Oper, wozu der Marquis de la Fare die Poesie gemacht hatte, vor einer auserlesenen Gesellschaft in seinem Palais aufführen laßen. Als der Capellmeister **Campra**, der auch einer von den Zuhörern war, vom Prinzen weggieng, so sagte er zu Sr. Hoheit, daß die Musik gut, aber der Text nicht von gleichem Wehrte wäre. Der Regent rief sofort den Marquis

an

an sich heran, und trug ihm auf, über die Oper mit dem Campra allein zu sprechen; derselbe würde vermuthlich die Verse sehr gut, und die Musik schlecht finden. „Weißt „du," fügte er hinzu, „was ich von der „ganzen Sache halte? Es wird weder das „eine noch andere etwas taugen."

(IV.)

Der mehr eitle als stolze Menage, einer der größten Gelehrten vorigen Jahrhunderts in Frankreich, sagte einmal in einer Gesellschaft, wo von Poesie und Musik die Rede war, daß eine Arie einem niemals so schön und harmonisch klänge, als wenn man selbst die Verse dazu gemacht hätte. — Er dachte in seiner Art, wie fast alle Componisten denken, die sehr selten die Arbeit eines andern nach ihrem Geschmack finden, an ihrem eigenen Machwerk aber sich nicht satt spielen oder hören können.

(V.)

Es ist zu glauben, daß die französischen Dichter ihren unsterblichen Lully so wenig als

als die Chefs von den nachherigen Hauptveränderungen der französischen Musik *) werden geschonet haben. Wenigstens macht ein dem Clement Marot angedichtetes und im Jahre 1688 herausgekommenes Schreiben **) es wahrscheinlich, daß es geschehen ist. Der Verfasser läßet in selbigem, wider den vor dem Richterstuhl der Proserpine stehenden Lully, unter verschiednen andern Anklägern seiner moralischen Seite, auch einige Musiker mit folgenden Beschuldigungen wider ihn auftreten.

Es ist wahr, sagt der alte ehrliche Orlando Lasso zum Lully, daß ihr ein sehr berühmter Tonkünstler gewesen seyd, wenn man sich dadurch berühmt machen kann, daß man die Regeln der Kunst hindansetzet. Ihr habt die Kühnheit gehabt, sehr verwegen mit der Harmonie zu wirthschaften, und mit

*) Der gelehrte Herr Abt Vogler unterscheidet in seinen Betrachtungen der Manheimer Tonschule, nur dreyerley Hauptperioden der französischen Musik, nemlich die Lullysche, die Rameausche, und die Piccinisch=Glucksche. Mir deucht, daß man viererley Epochen annehmen, und die Cambertsche zur ersten machen könne.

) Lettre de Clement Marot à Monsieur de * touchant ce qui s'est passé à l'arrivée de Jean Baptiste de Lully aux Champs Élisées. Cologne, chez Pierre Marteau. MDCLXXXVII.

mit allen Intervallen in Absicht auf ihre Fortschreitung sehr übel hausiret.

Was mich betrift, versetzte Vittorio von Spoletto, so finde ich daß er durch die eckelhafte Einförmigkeit seines Recitativs, da eines wie das andere aussiehet, und man sogleich das Ende errathen kann, wenn man den Anfang davon gehöret hat, sich ebenfalls, obwohl in bösem Verstande berühmt gemacht.

Wenn man seine Werke verdammet, unterbrach Luiggi, so verlange ich vorhero, daß man alles was er aus den meinigen genommen, davon absondern möge, damit der Unschuldige nicht mit dem Schuldigen leyde.

Ich bin nicht eurer Meynung, sagte Carißimi, ich überlasse die Bäße, deren er sich aus meinen Sachen bemächtiget hat, dem weltlichen Arm. Ich würde sie so nicht einmal mehr für die meinigen erkennen, noch mich ihrer nach ihm bedienen.

Sollten dem Lully nicht schon bey seinem Leben ähnliche oder annoch andere Vorwürfe gemacht worden seyn? Perrin, der selbst ein Dichter war, und der Opercomponist Cambert, den Lully unglücklich machte, waren wenigstens genugsam interessirt, demselben allerhand Pamphleta zuzuziehen.

U 4 (VI.)

(VI.)

Als der Capellmeister Neidhardt, in der Bedienung eines Organisten zu Königsberg in Preußen, von einer Kirche zu einer andern versetzet ward, und in der erstern seine letzte Kirchenmusik aufführte, so kamen in diesem Tonstücke die biblischen Worte vor: das laß ich euch zuletzt. Er ließ in selbigem das Wort zuletzt von den Baßons in der Tiefe mit wiederhohlten Einklängen, die durch Viertheilpausen unterbrochen wurden accompagniren, und die Worte das laß ich euch zuletzt, nicht allein öfters wiederhohlen, sondern schloß auch die ganze Musik damit, welches die lächerliche Wirkung hervorbrachte, daß viele fromme Seelen, welche die Absicht dieses unheiligen Einfalls merkten, die Hand vor ihre Nasen zu halten anfiengen. Man meinet, daß der Componist mit den Vorstehern der Kirche in keinem guten Vernehmen gestanden, und sich auf diese Art habe rächen wollen.

(VII.)

Der Herr Capellmeister Scheibe, dessen vortreflicher kritischer Musikus in den Händen aller Musiker zu seyn verdienet, die auch

auch Schriften über ihr Metier lesen, erzählet daß er auf seinen musikalischen Reisen, in einer damaligen Residenz, (es war die Stadt Merseburg,) einen Capellmeister angetroffen, der, als sie in ihren Unterredungen auf den musikalischen Ausdruck gekommen, allerhand altfränkischer und tadelhafter Arten des Ausdrucks, deren er sich besonders im Kirchenstyl zu bedienen pflegte, Erwähnung gethan habe. Unter andern hätte er erzählet, daß er einsmals in Schlesien ein Paßionsoratorium aufgeführet, und um das Krähen des Hahns recht sinnreich und natürlich auszudrücken, hinter der Orgel einen Capellmusiker versteckt habe, der zu gehöriger Zeit auf dem bloßen Rohr der Oboe das Krähen des Hahns so glücklich vorstellen können, daß alle Zuhörer in die größte Verwunderung gesetzet worden, und seinen herrlichen Einfall nicht genug loben können. — Ich habe den Nahmen dieses poßirlichen Capellmeisters vergeßen, und weiß nichts weiter, nach dem Herrn Scheibe, von ihm, als daß er ein tückischer boshafter Kerl gewesen, der den mit ihm zugleich dienenden, erfahrnen und geschickten Concertmeister, Herrn **Christoph Förster**, der unter die ersten feinern Melodisten seiner Zeit gehöret, bey aller Gelegenheit verfolgt, und bey Hofe anzuschwärzen gesuchet hat. Wer den Nahmen dieses Unwürdigen weiß, kann ihn hier am Rande dazu schreiben.

(VIII.)

Die Mademoiselle Desmatins war zum Anfange dieses Jahrhunderts eine der vornehmsten Opersängerinnen zu Paris. Man erzählet von ihr daß sie von einem so närrischen Hochmuth gewesen, daß, wenn sie in der Oper die Rolle einer Kayserinn oder Königin vorgestellet hat, sie öfters in dem angehabten Schmucke nach Hause gefahren ist, und sich bey dem Abendessen als eine Prinzeßin, von ihren Leuten kniecnd bedienen lassen; — daß sie einem artigen jungen Frauenzimmer, das man schöner als sie fand, eine Flasche Scheidewasser ins Gesicht gießen laßen; — daß sie den Operdirector Francini, weil er ihr keine Rolle nach ihrem Kopfe geben wollen, hat wollen umbringen laßen; — daß sie die Rochois, Moreau und andere Sängerinnen aus Eifersucht mit Gift hinopfern wollen; daß das Gift aber nicht wohl zubereitet gewesen, und jene annoch so glücklich gewesen davon zu kommen;
— daß

— daß sie dem Erzbischof von Paris, weil er sie der Madame de * * * zu gefallen verlaßen hatte, ein feines Gift beybringen laßen, wovon derselbe auf seinem Lustschloße zu Conflans schleunig gestorben; — daß sie sechs Cavaliere von den königlichen Mousquetairs, und zwey und vierzig von der Leibgarde, kurz vor einem Feldzuge dahin gebracht, ihre und ihrer Bedienten Pferde zu verkauffen, um ihr die genoßne Gunst zu bezahlen, u. s. w.

───────────────

(IX.)

Die Mademoiselle Desmatins war untersetzter Statur und fleischigt. Als es ihr eines Tages einfiel, darüber verdrüßlich zu werden, so fieng sie von Stunde an, keine nahrhafte Speisen mehr zu sich zu nehmen, und ihre Portion im Essen und Trinken zu vermindern. Es that dieses zwar einige Wirkung. Doch gieng es nicht so geschwinde damit als sie geglaubt hatte. Sie nahm sich also vor, alle Morgen zwey Gläser Eßig auszutrinken; aber dieses Mittel diente zu weiter nichts, als ihre Brust zu verderben und ihre Stimme zu schwächen. Sie nahm also ihre Zuflucht zu einem andern
Mittel,

Mittel, welches in der That seine Wirkung that, aber nicht so wie sie geglaubt hatte. Es war ihr gesagt worden, daß ein in ihrer Nachbarschaft wohnender Schlächter, der sich vor seiner außerordentlichen Dicke fast nicht mehr bewegen können, sich den Bauch öfnen, und vierzehn bis funfzehn Pfund Fett heraus nehmen laßen. Die Desmatins bekam Lust, einen ähnlichen Versuch an ihrem Körper zu machen, und ließ sich von einem der geschicktesten Wundärzte zu Paris 8 bis 10 Pfund Fett herausschneiden. Aber das Unglück wollte, daß es ihr mit diesem Versuche nicht gelang, indem sie 5 oder 6 Wochen darauf ihren Geist aufgeben mußte. Ohne Zweifel mochte sie sich nicht dieses den Tag nach dem traurigen Schnitte vorgestellet haben, indem sie von ihrem Fette allerhand Arten von Cervelat- rothen und weißen Würsten machen ließ, und damit ihren guten Freunden und Liebhabern ein Geschenk machte.

(X.)

Verschiedne Personen von Geschmack forderten den Herrn Dauvergne von der Königl. französischen Academie der Musik auf,

auf, die fontenellische Oper Aeneas und Lavinia, welche im Jahre 1690 vom Capellmeister Pascal Colaße in Musik gesetzet worden, aufs neue zu componiren. Als Dauvergne den Herrn Fontenelle um seine Genehmigung dazu ersuchte, (es war in den Vierzigern dieses Jahrhunderts,) so wollte der Dichter wissen, wer den Componisten hiezu veranlaßet, und dieser nennte ihm verschiedne Personen. „Ich rathe es Ihnen „nicht," antwortete Fontenelle, „die Oper „wollte vor funfzig Jahren keinen Beyfall „finden, und ich habe nicht gehöret, daß „die Musik daran Schuld gewesen."

(XI.)

Eines der plumpesten Spottgedichte auf den Herrn Rameau, dessen Asche man itzo vergöttert, ist ohne Zweifel dasjenige, das sich mit den Versen anfängt:

Distillateur d'accords barocques,
Dont tant d'Idiotes sont férus,
Chez les Thraces & les Iroques
Portez vos opéras bourrus &c.

Der Rest ist mir entfallen. Ich habe davon irgendwo eine zwar nicht wörtliche, aber gleichgültige deutsche Uebersetzung gelesen, und setze solche her.

Verwegner Drechsler voller Klänge,
Worauf die Dummheit trotzig thut,
In die calmuckischen Gesänge
Paßt dein hanbüchnes Machwerk gut.
Nicht du durch wilde Hirngespinnste, —
Nur Lully bleibt durch seine Künste
Dem lyrischen Theater werth.
Fleuch! — Er ist bloß dazu erkohren;
Laß du mit deinem Zeug die Ohren
Rechtschafner Leute unversehrt.

(XII.)

Als der Herr Marivaux eines Tages die berühmte Sylvia besuchte, so gerieth er mit seiner Hand über ein geheftetes Werkchen. „Ist es wohl erlaubt," fragte er sie, „den Titel davon zu sehen?" Es ist, antwortete die Actrice, die *Surprise de l'amour*, diese allerliebste Comödie. Aber mit dem Herrn Verfasser möchte ich gern ein Hühnchen pflücken. Es ist ein böser Mann, daß er sich nicht zu erkennen giebt. Wir wollten sie noch einmal so gut spielen, wenn er nur gewürdigt hätte, sie uns ein einziges
mal

mal vorzulesen. — Marivaux fieng an, einige Stellen aus der Rolle der Schauspielerinn zu lesen, und Sylvia ward ganz Ohr. „Ach! mein Herr," rief sie ihm mit Wärme zu, „Sie laßen mich alle Schönheiten „meiner Rolle empfinden. Sie erleuchten „meine Seele; Sie lesen wie ich wollte, „wie ich empfand, daß man spielen müßte. „Entweder sind Sie der Teufel, oder der „Verfaßer des Stücks."

Register.

A.

	Seite
Abel, Violdigambist	19
Académie des Invalides	8½
Agricola	58. 59. 151
Apitich	34
Applaudiren durch bravo und pravo	147. 148
Aquilano (Serafino)	110. 111
Arnoult, eine Sängerinn,	9. 219. 234

B.

Bach (Emanuel)	69
Bach (Johann Sebastian)	74. 75. sq 98. 99. 292
Bach, der Londner	16. 17. 306
B. (W. F.)	26. 27. 60. 61. 184. 185
Bärenstadt	104 105
von Bagge, Baron	224. 225. 277
de Baigne erfindet eine Schweinemusik	10. 11
Ballot	217
Baptist	228
Baron (Ernst Gottlieb)	158. 159 sq.
Baßgeiger, einer der sich durch den Gebrauch seines Instruments vor den Wölfen schützt	285. 286
Bauern, welche accurat musiciren	191. 192
Beauvit	247
Benda (Georg)	116. 117. 118. 119. 120

Ben=

Benbeler	Seite 15
Berard, ein Plagiarius,	192. 193
Bernard, ein französ. Dichter,	278. 279
Bernhard (der heilige)	33. 34
Bernier	29
Bibault	100
Blanchet	193
Blavet	67. 218
Boismortier	281. 282
Bontempi	115
von Brancas (Graf)	122
Bravo, brava, bravi, brave,	214. 215
Bravo, pravo	147. 148
Broschi (Carlo) genannt Farinelli,	32. 33
Buffardin	67
Burmann, ein schweißerscher,	37
Burney	5. 9

C.

Caffarelli	157. 217
Cahusac	274
Calviaire	235. 236. 296
Cambert	311
Campra	308
Canon, zwey franz. Canons 113. 114 ein italienischer	115
Cantor, der allezeit ein á vor dem Buchstaben S setzet,	299
Canus, ein ruhmwürdthiger Flötenist	253
Capelldirector, der den Musikern erlaubt zu stimmen, wie sie wollen,	197. 198
Carißimi	311
Caylus (Graf von)	218. 219
Chansons, Streit über die deutschen und französischen,	207. 208. seq.

Clau=

Claubin (der jüngere) Seite 162
Clavierist, der auf dem Flügel klappert 175
Clavierist, und Handwerker verbindern
  sich einander an der Ruhe 153. 154
Clavierstimmer, der das Clavier seiner
  Frauen zu stimmen vergißt, 30. 31
Cochereau 152. 153
Colaße (Pascal) 317
Comödianten zu Paris, deren Streit mit
  dem Pfarrer von St. Sulpice 35. 36
Composition und Execution voriger und
  itziger Zeit 280
Concert, warum in einigen Concerten kei-
  ne gedruckte Anschläge ausgegeben
  werden 81. 82
Concialini 57
Conculcauit 127
Constantini (Angelo) 167. 168 sqq.
Conti, Contini 204. 205
Conver (Madame) 247
Corelli 125
Couperin (Franz) 137. 138. 248
Coupillet 307
Cupis 247
Cuzzoni, eine Sängerinn, 242. 243 sq.

D.

Dangeville (Madem.) 87
Dauvergne 316
Debaigne, Director einer musikalischen
  Schweincapelle 10. 11
Delabarre 299
Desmatins (Madem.) 314. 315
Desmarets (Heinrich) 307
Douglas 240
  Dubois

Dubois (Cardinal)	Seite 120
Dulon	100
Dulys	302
Dumenil	276
Dumont	261
Duport, der ältere,	45. 46. sqq.

E.

Ebeling	5
Erich, König	163. 164
von Erlach	149
Esel, der die Studenten stört,	28
Eselhaftes Compliment eines Musikers	143. 144
Esser	74. 194
Execution und Composition voriger und itziger Zeit	280

F.

Fanguts	138. 139
de la Fare	308
Farinelli, Sänger,	32. 33. 283
Farinelli (Concertmeister)	79
Fieber, durch die Musik geheilet,	28. 29
Fischer, ein edelmüthiger Mann zu Potsdam	19
Fisher (Doctor der Musik,)	140
Fontenelle	317
Förster (Christoph)	313
Forcraix	49. 50. sq.
Forkel	57
Francischello	47. 48
Frescobaldi	135
Fritzieri	100
Froberger	135
Fuhrmann	284
Fux	60. 85. 86

G.

Gabrieli (Sängerinn)	Seite 285
Gäblert	244. 275
Giardino	180. 185. 186
Giornovichi	207. 224
Gizziello	157
Glarean	109. 140. 141. 142. 143
Gluck	5. 90. 228
Graun, Capellmeister,	225. 226. 258. 306. 307
Graun, Concertmeister,	5
Groß	279
Godskowsky	116. 117
Got:sched	5
Guignon	247. 260. 261
Guillemain	247
Guimard (Madem.)	40
Günther	158

H.

Haack	38. 279
Händel	138
Hayden	207
Heinichen, sein schwarzes Register	178. 179
Heinrich (Herzog von Merseburg) ein großer Liebhaber vom Contraviolon	132. 133. sq.
Heße	49. 50. sq.
Hiller	5. 305
Hipponax	289
Hohlfeld	97
Homer	100
Homilius	124
St Huberti, (Madem,)	234
Hummel	16. 183. 279
Hurlebusch	70

J.

J.

Jacobi	Seite 100
Jagdmusik (die russische)	254. 255. sqq.
Intendant zu Caen	148. 149
Josquin	77. 78. 109. 110. 115. 116. 200. 201. 202.

K.

Kelly (Mylord)	19
Kirnberger	43. 44. 54. 55. 63. 64. 71. 127. 128
Kosolowsky	63. 64
Kritiker, ein unbarmherziger,	76. 77
Kukuck	112

L.

Lämmerterzen	174
Lalande	307
Lambert	44
Lamotte	224
Laporte	235
Lebegue	290
Leclair	247. 300. 301
Lehmann (Joh. Peter)	135
Lehmann (Joh. Georg)	135
Lemaure (Madem.)	91. 92. sqq.
Lesueur	261. 262
Leyeraffe,	206. 207.
Leyervirtuoß	18
Lindner	71
Locatelli	81. 88
Lolli	81. 207
Lucas, ein Flötenist	218. 248

X 3   Luiggi

Luiggi   Seite 311
Lully) 14. 15. 157. 158. 195. 220. 300. 309. 310
Luther (Doctor) eine vermeinte Motette von
    ihm   96. 97

M.

Mainvilliers hat ein paar Capuciner zum
    besten   148. 149
Mara (Herr.)   57
— warum er sich nicht Maro nennet   214. 215
Mara (Madame) Grabschrift auf sie   36. 37.
— von ihr   214. 276
Maráſch)   256
Marais (Marin)   49. 50. ſq.
Marchand   289. 290. 291. bis 298
Marivaux   318. 319
Marot (Clement)   310
Marpurg   58. 59. 163. 241
Mattheson   70 182. 305
Melvil   238
Menage   309
Mendelsohn (Moses)   43. 241
Metastasio   164. 165
Mingotti (eine Sängerinn)   283
Minoret   307
Miſſa Papae Marcelli   181. ſq.
Mondonville   247
Moretto (Graf von)   239
Morton (Graf von)   240
Motette über die Worte: ich habe einen
    guten Kampf gekämpfet,   95. 96
Mouret   87
Müller, ein berühmter Violinist   55. 56
Muffat (Gottlieb)   60. 135
                                         Murky,

Murky, Ursprung derselben, Seite 176. 177
Murschhauser 89
Musen, ihr Sieg über den Thamyras 263. 264
Musettenspieler 2. 5
Musiker, der dreymal zu Mittag gegeßen 91
Musiker, ein reisender, der sich hören laßen
    will, und schlecht spielt, 215. 216
Musikus, ein armer, 123. 124

N.

Nachtigall 112
von Naryschkin 254. 255. sq.
Neidhardt 312
Nero 264. 265. sqq.
Noëls der Franzosen 296
Nivers 290
Nonne, eine französische, wie selbige das
    Wort conculcauit singen lehret 127

O.

Oboer, der auf seinem Instrumente gackert 175
Olivier, ein Clavierstimmer, 30. 31
Opersänger iu Paris, einer vom zweyten
    Range, der einem vom ersten Range
    substituiret wird 136. 137
Organist (ein catholischer) 19. 20
— ein nachläßiger, der seinen Dienst auf-
    giebt 26. 27
Orlando Laßo 310
Owen, dessen Omega und Omikron 80

P.

Panguts	Seite 138. 139
von Parabieß	100
Patentmusiker	75. 76
Perrin	311
Philidor	52. 53
Piccini	228. 246
Pinto (Johann)	152
Pisendel	179. 187
Porco Imo & IIdo	25
Porpora (Nicol.)	102. 103
Pothof	100
Pränestini	181
Pravo, bravo	147. 148
Pudon	100

Q.

Quanz	5. 67. 68. 223. 268
Quouance	223

R.

Rameau	30. 31. 252. 253. 274. 317. 318
Rangstreit zwischen zwey Violinisten	25
— zwischen den Königl. franz. Kammermusikern und den Kirchensängern	131. 132
Reinecke	75. 76
Reintjes (Johann)	187. 188
Ricci	237
Robert	261
de la Rochefaucault	112
Roi des Violons	261
Rosalie	175
	Rosen=

Rosenfeld	Seite 34
Roußeau (J. J.)	216. 217. 245. 273
Rußische Jagdmusik	254. 255

S.

Sänger, ein geistlicher, bey dessen Stimme sich eine alte Frau ihres verstorbnen Esels erinnert,	175. 176
Sachs	49. 50. sq.
Salomon, ein berühmter Violinist,	55. 56.
Santi (Francesco)	95
Schaafsexten	174
Scheibe	312. 150. 151
Schindlerin (Madam)	67. 68
Schmidt, Pater	183
Schönemann, ein Stegerelfdichter	5
Schulz, Capellmeister	71
Schusterfleck	173. 174
Senaillier	248
Senfelius	96
Somis, ein großmüthiger Virtuose	301
Sorge	58. 59
Sprache, Eigenschaft der lateinischen, italienischen und französischen	298
Stanley	100
Stanhope (Mylord)	120
Steuerrath spielet mit den Bauern	191
Stimmung der Violine	197. 198
Stradel	165. 166
Straßen zu Paris	227. 228
von Strattmann	121
Strinasacchi (Madem.)	78. 79
Studenten in Halle, die ihrem Prorector eine Musik bringen wollen,	60. 61. sq.

Sulzer	Seite 71. 72
Sylvia	318. 319
Syrmen (Madame)	79. 80

T.

Tacke, bey selbigem versammeln sich die Kinder der Musen	203 204
Tartini	L. 2 sq. 136
Telemann	69. 156. 210
Terpnus	264
Thamyras	263. sq.
Thevenard	215
Thomasius (Christian)	154 155
Tigellius	184
Timotheus, ein Musiker aus Mileto	11. 12. 161
Tobi (Madame)	276
Tomelin	290
Tourrell	179
Très mauvais, ein vermeinter Componist	187
Trompeter, einer der mit dem Farinelli einen Wettstreit hat,	32. 33
Trompeter, ein holländischer, der einen Tygerwolf in die Flucht bläset	233

V.

Varenne	38
Veracini	248
Verführen, in musikalischem Verstande	98
Vestris, Mademoiselle	9
Vetter Michel	173 174
Vinci (Leonhard)	102. 103
Vittorio von Spoletto	311
Vogler (Abt)	53. 54. 126. 310

Voltaire Seite 143
Volumie: 186. 291

W.

Weiß (Leopold) 23
Wethrlin 95. 96
Wesenbeck 122. 123
Wichel (Peter) 38. 39

Z.

Zauberer, ein musikalischer, 163. 164
Zipoli 223. 224

Druckfehler.

Seite 79 in der ersten Reihe der Xten Anekdote, nach den Worten auf der Violine, setze man hinzu aus der Schule des Herrn Piedro Locatelli.

Seite 153 in der fünften Reihe der VIten Anekdote, nach den Worten unterschieden waren, lese man der Clavierist, anstatt ein Clavierist.

Seite 236 in der 7ten Reihe, lese man *de plus ténebreux*, anstatt *plus de ténebreux*.

Die andern nicht bemerkten Druckfehler wird der geneigte Leser selber verbessern.

www.ingramcontent.com/pod-product-compliance
Lightning Source LLC
Chambersburg PA
CBHW030308240426
43673CB00040B/1096